图解

决疑术

甄知 编著

成都地图出版社

图书在版编目 (CIP) 数据

图解决疑术 / 甄知编著 . —— 成都：成都地图出版社有限公司，2024.7. (2024.11 重印) —— ISBN 978-7-5557-2571-8

Ⅰ . C934-49

中国国家版本馆 CIP 数据核字第 2024K4R932 号

图解决疑术
TUJIE JUEYISHU

编　　著：甄　知
责任编辑：赖红英
封面设计：春浅浅
出版发行：成都地图出版社有限公司
地　　址：成都市龙泉驿区建设路 2 号
邮政编码：610100
印　　刷：三河市宏顺兴印刷有限公司
开　　本：880mm×1270mm　1/32
印　　张：6
字　　数：156 千字
版　　次：2024 年 7 月第 1 版
印　　次：2024 年 11 月第 4 次印刷
书　　号：ISBN 978-7-5557-2571-8
定　　价：39.80 元

PREFACE
前 言

决疑术是指在决策过程中，通过一定的手段或方法，使决策者能够摆脱各种疑虑和困惑，明确决策的目标和方向，最终做出明智的决策。决疑术让我们从问题的细节入手，根据这些细节重新找到新的突破点，发现问题的本质，进而解决问题。

在这种情况下，解决问题的关键就不在于原则或标准，而在于具体问题具体分析。只要我们能突破思维的局限，多角度深入思考，就可以解决沟通、交际、博弈以及自身心理等方面的种和新问题。

当然，想要运用决疑术，我们需要用知识和智慧驱动理性和感性，获得认知觉醒，进而不断地优化和改进自己；需要不断提升心智，管理和控制情绪，尽可能做出理智的选择。同时，我们还需要改变思维模式和行为模式，在复杂的环境中做出正确的决策。

本书从认知升级、情绪管理、交际智慧、博弈策略、行动模式等几个方面进行阐述，介绍并分析了我们生活、工作各个方面可能遇到的问题，并给出了简单有效、切实可行的解决方法，目的是启发读者的思维，引导读者思考如何解决实际问题。同时，本书文字通俗易懂，并搭配生动有趣的漫画，让读者读起来更轻松。

　　读完本书，读者学到的不只是理论，还有解决生活、工作中难题的方法；读完本书，读者能多加思考、练习，可以以全新的视角来看待问题，进而顺利地解决面临的各种实际问题。

　　如果你遇到了棘手的难题，不知道如何解决，就来读读本书吧！

CONTENTS
目 录

1

第二章

提升心智：坏情绪的消失，意味着智慧的增长

第四章

交际艺术：让别人舒服，也让自己舒服

沉没成本

第六章

博弈策略：无往不利，在博弈中笑到最后

即刻行动：走出舒适区，获得持久行动力

第一章

认知觉醒：
高手破局，从提升眼界
和格局开始

认知决定思维，思维决定行动。我们只有不断地提升自己的认知，获得认知的觉醒，才能不断优化和改进自己，进而实现人生的破局。

眼界狭窄，思维打不开？

打破认知局限，提升认知水平

情景再现

　　老石开了个快递收发店，生意非常红火，他一个人根本忙不过来。于是，他就想让正在上高二的儿子退学回来帮忙。然而，儿子一心想考大学，学习计算机专业，将来在 IT 行业大展拳脚。老石则认为，考上大学毕业后也是给别人打工，还不如现在就到店里帮忙，提前熟悉业务，将来自己做老板。父子之间因此产生了分歧和矛盾。

◘ 情景解析

认知决定思维，认知决定眼界。一个人认知越高，越能打破固有的思维逻辑，想办法站在更高处去看世界，向更高的领域出发。相反，一个人认知越低，其眼界越窄、思维越固化，也就会"无知者无畏"，就像故事中的老石一样，不仅自己眼界狭窄，还要掐断儿子学知识、开眼界的机会。

◘ 方法点拨

打破眼界狭窄的方式就是不拘泥于目光所及，不断提升认知，进而提升人生的上限。那么，我们如何提升自己的认知呢？

· 意识到自我局限

我们每个人都是独特的，拥有不同的生活经历、教育水平和价值观等，这些因素塑造了我们的思维方式，但也可能限制了我们对世界的理解。因此，我们需要审视自己的偏见，以及反思对他人观点的不容忍，承认自己的局限，并有意识地突破这种局限。

· 借鉴外部视角，拓宽眼界

我们常常习惯从自身的角度看待问题，这容易使我们陷入自我局限的思维模式中。想要突破这种困境，我们必须学会借鉴外部视角来看待问题，这包括与他人交流、听取他人的意见或建议，理解他人看待问题的不同角度等。与他人交流可以拓宽我们的视野，吸取他人的观点和经验；听取他人的意见或建议可以帮助我们从不同的角度思考问题，发现自己之前未曾注意到的方面。同时，我们也可以通过阅读书籍、报刊和各种文章来获取他人的观点，尝试站在他人的立场上思考问题，从而跳出自身的认知局限。

· 培养自我批判思维

　　自我批判是突破认知局限的重要思维方式。通过自我批判，我们能审视并质疑我们的认知偏见，从而发现其中的局限和不足。培养自我批判思维的方法为提出问题—深入分析—寻找证据—评估结论的合理性。我们可以尝试向自己的观点提问，从不同角度审视问题，并通过查找相关的证据来支持或推翻自己的观点。此外，我们还可以通过与他人进行辩论和讨论来锻炼自我批判思维，不断提高自己的认知水平。

做事不靠谱？
理性做事，解决问题不能凭感觉

♥ 情景再现

经理提拔了一个工作业绩并不突出的女同事，赵睿得知后，心里不服气，跑到经理办公室去责问，说自己资历、能力都比女同事好，凭什么被提拔的是她而不是自己。经理并没有解释，而是列出了赵睿做事不靠谱的例子：一是莽撞，顶撞了重要客户；二是冲动，拍脑袋就做决定，使项目失误连连。赵睿被说得哑口无言，只得悻悻地回到工位。

凭直觉！我的直觉是最准的！

你为什么选这个项目？

💙 情景解析

人的决策方式通常有两种：一种是以经验、证据和逻辑为基础做出决策，一种是以潜意识和情绪为主导做出决策。前者是经过审慎思考的，凭借理性、逻辑去做事；后者则往往欠缺思考，仅凭借直觉、感性去做事。决策方式不同，结果也大不相同。就像故事中的赵睿一样，凡事仅凭直觉，而不是审慎思考，必然会被贴上"不靠谱"的标签。

💙 方法点拨

在感性认识与情绪的支配下，人很容易失去理智，做起事情来也很不靠谱。那么，怎样才能避免凭直觉做事呢？

· 做事之前，先认真思考

凭直觉做事往往是动物的本能。人也可以凭借直觉处理一些简单的问题，却不能凭直觉去解决复杂的问题。因此，我们做事之前一定要先认真思考，思考它值不值得做，该如何去做，做的时候可能遇到哪些问题，如何去解决这些问题……三思而后行，才不会冲动做出决策，或者决策失误。

· 降低情绪的主导作用

理性的最大障碍就是负面情绪。我们通常会凭借直觉去做一件事，然后再用理性去搜集支撑这件事的各种证据。这就是明明决策时自我感觉良好，但事后又懊悔的原因。为了避免出现这种情况，我们做事时一定要避免被情绪尤其是负面情绪所主导，要管理和驾驭自己的情绪，积极提升自己的理性和逻辑性。

· 从直觉思维走向理性思维

大多数人的思维都是感性的，往往凭借着自己的直觉、感觉去思考。或许有时候直觉可以帮我们完成很多事，但更多的时候，直觉会让我们不断地犯错。所以，我们需要打破常规，保持深度思考的习惯，警惕对直觉思维的依赖，学会不时地问自己：我为什么这样做？我这样做对不对？我还有没有其他的选择？

遇到难题，思维卡壳？

关键时刻，潜意识也许能帮你解决

▼ 情景再现

吴菲是一位音乐创作者，最近她创作歌曲时卡了壳，冥思苦想也写不出满意的旋律。眼看着跟甲方约定的交稿时间越来越近了，吴菲心中很是焦虑，甚至连续好几天都彻夜难眠。一天，甲方又打来电话询问歌曲进度，吴菲不知如何作答，只能选择拒接电话来逃避。

情景解析

严重的心理压力会对记忆造成一定的影响，这个结论是通过实验得出来的。科学家用一只较大的老鼠扮演入侵者，对另一只较小的老鼠制造压力，结果发现，较小的老鼠会因为压力忘记迷宫的逃生出口，而当入侵者消失后，它又能"恢复记忆"，重新找到迷宫的逃生出口。因此，当因压力过大而出现"暂时性失忆"时，最好的办法就是放松下来，把问题交给潜意识。因为人的知识、灵感、想法等本就储存在大脑里，只是因为压力、焦虑而被压抑、暂时遗忘而已。只要肯放松自己，把压力、焦虑等从身体里赶走，那些知识、灵感就会在不经意间"冒出来"。

方法点拨

把问题交给潜意识，解决办法或许就会出现。那么，我们如何利用潜意识来解决难题呢？

· 放松自己，进入冥想

放松是利用潜意识的第一步。尽可能地让自己放松，即坐在舒适的地方，闭上双眼，慢慢地吸气、呼气，保持这种状态 5 ~ 10 分钟，便可以进入冥想状态。当我们进入冥想状态后，便可以激发潜意识，进一步与潜意识沟通，提取信息，寻求解决问题的答案。

· 带着问题入睡

灵感的产生原理是大脑将既有信息进行重新组合，这些信息不是新产生的，是长期积淀而成的无意识，当大脑完成这项任务后，灵感或许就会闪现。因此，带着问题入睡，本质上就是通过睡眠让大脑自动产生一些想法，由此获得解决问题的钥匙。

· 刺激右脑

要想不断开发潜意识，我们可以试着听一些音乐，最好是听一些情感类的音乐，这样会刺激我们的右脑。一般来说，潜意识都来自右脑，当右脑被刺激到一定程度，潜意识就会出现。不过，我们一定要留意这些潜意识的出现，不要被音乐陶醉了。

做事总是三分钟热度？

提升自控力，帮你成为自律达人

晓丽是个做事总是三分钟热度的女孩。看到别人学画画，她也报了绘画班，想陶冶情操、提升素养。可是，没两天她就放弃画画了。看到别人健身，她立马办了健身卡，每天都在朋友圈打卡锻炼。才坚持了短短几天，她又懈怠了，一周去不了一两天。晓丽尝试的事情很多，可是她对每件事都只是三分钟热度。

◎ 情景解析

故事中的晓丽之所以做事总是三分钟热度，主要原因在于她缺乏对坚持的认知和对自我的控制。因为她不能控制自己，总是不停地追求新鲜感，又不肯付出努力，不想承受压力，所以常常陷入这样的困境之中。

◎ 方法点拨

做事总是三分钟热度，不是因为坚持太难，而是不想坚持。那么，该如何摆脱这种困境呢？

· 培养真正的热爱，保持长久的热情

做事三分钟热度，不是因为我们不喜欢、没热情，而是我们对所做的事缺乏真正的热爱，无法保持长久的热情。人只有真正热爱某事，才会充满热情，才会付出行动。因为不是真正的热爱，所以热情很容易被消耗，一旦遇到难题、阻碍，倦怠就会随之而来。

因此，想要突破三分钟热度的困境，首先要培养对事情的真正热爱，心中一旦产生厌倦和放弃的念头，想想自己对它的热爱，想想自己的目标，重温一下当初的热情，自然就能坚持下去了。

· 有效利用"三分钟"，提升专注度

虽然说三分钟热度是不好的，但是它也有积极的一面，至少在这"三分钟"内，我们的热情、行动力都是满满的。如果能有效地利用这"三分钟"，制订好计划，专注、高效地做事，把这件事尽快完成，那么在取得成绩和进步之后，我们的热情就会持续，行动力也会增强。

· 寻找支持与帮助

自律并不意味着要独自一人面对所有挑战，可以寻找支持和帮助，这可以帮助我们更好地应对压力和挑战。我们可以与家人、朋友或同事分享自己的目标和计划，互相激励和支持，还可以寻求专业人士的支持和指导，如心理医生等。

难题总是无解？

深度思考，帮你找到难题的解决思路

♥ 情景再现

　　方瑞是一家牙膏公司的市场总监，公司提出年销售额增长 20% 的目标。在市场竞争激烈，公司市场份额已经连续几年增长缓慢的情况下，这个目标简直比登天还难。有人提议提价，有人提议加快研制新品，有人提议找明星做代言。可是，三个月过去了，这些方法却并没有什么明显的效果。方瑞焦头烂额，找不到解决问题的方法。

不行，不行，还是不行！问题到底该怎么解决？

提价吧！

研发新产品吧！

找明星代言吧！

♥ 情景解析

　　故事中的方瑞之所以找不到解决难题的思路，主要是因为思维与认知的局限。思维僵化、认知上存在盲区，就容易使人陷入偏执、钻进死胡同，无论怎样苦思冥想也难以走出来。

● 方法点拨

深度思考是打破思维局限与认知局限的有效方式。那么，我们怎样做到深度思考呢？

· 在模仿中反思与探究

模仿是我们认知事物的起点。就像画画，老师总是让我们先去模仿描绘线条、布局画面，一步步构建起自己的认知体系。当然，模仿需要一次又一次的重复，同时在模仿中要做到反思、探究与成长。从模仿到创造，从创造到创新，我们的认知才能一步步提升，思维才能一步步扩展。

· 独立思考，触及问题的根源

我们要养成寻根究底的思考习惯，不管遇到什么事，都要学会问个为什么，要努力用自己的思考能力去寻找答案，养成不断探索问题根源的习惯，而不是依赖别人帮我们解决问题。在遇到难题时，要问问自己：问题的核心是什么？发生问题的根源是什么？自己的方法存在哪些问题？……只要独立思考、打开思维，就有机会找到解决问题的思路。

· 维度进阶，"双刃剑"思考

"双刃剑"思考是指同时考虑问题的优势和劣势、积极面和消极面。这种思考方法有助于我们全面了解问题的复杂性，减少过度简化和片面性的思维。通过"双刃剑"思考，我们可以更客观地评估和权衡各种因素，并做出更明智的决策。

既想做这个，又想做那个？

头脑清醒，确定明确、清晰的目标

♥ **情景再现**

马强即将大学毕业，于是他开始找实习单位实习。然而，好的实习工作实在难找，就业前景也不容乐观，于是马强想到了考研。但是，考虑到本专业考研竞争激烈，自己又是临时抱佛脚参加考研，马强又犹豫了。所以，他一会儿想着就业，一会儿又想着考研，在左右摇摆中越来越焦虑、越来越茫然。

一些人在不同的事情之间摇摆不定，根源就在于他们目标不明确，始终处于茫然的状态，不知道自己到底想要什么、该做什么，缺乏对自身、对世界的正确认知，从而使自己一味地凭借感觉去做事。

拥有清晰、明确目标的人，能够认真、专一地朝着自己的目标走下去，而不是左右摇摆、陷入拉扯的茫然之中。那么，我们如何确定清晰、明确的目标呢？

· 多思考，与自己的内心对话

很多人之所以没有清晰、明确的目标，是因为他们只是把一些事当作任务去完成，或是跟风别人做事，而不思考自己真正想要的是什么、自己最迫切需要解决的问题是什么。只有多与自己的内心对话，从自身与现实出发，才能真正明确目标、树立目标。

· 坚持 SMART 原则

确定清晰、明确的目标，坚持 SMART 原则，即确保目标是具体的（S = Specific）、可衡量的（M = Measurable）、可行的（A = Attainable）、有相关性的（R = Relevant）、有时间限制的（T = Timebound）。用这个原则给自己设置一个目标，且坚持不懈，让自己处于一个"没得选"的状态，自然就不会轻易退缩和摇摆了。

· 科学地分解目标

目标分解有两个关键：一是分解，二是彻底完成。比如，你的目标是"考上 ×× 大学 ×× 专业的研究生"，这就需要把它分解成一个个小目标，其中一个是英语提升 20 分，再把这个目标分解成更小的目标，如每天背 10 个单词、听 10 分钟音频……一定要确保分解的小目标是自己能完成的任务量。那么，只要你开始做了，且彻底地完成各个小目标，得到的效果就会像雪球一样，慢慢地越滚越大。

想要成功，却贪图安逸？
从高处看自己，保持清醒、不迷失

♥情景再现

　　李铭进入公司已经三年了，却依旧是个小职员，看着比自己晚进公司的同事都升职为主管，他心中愤愤不平。他发誓要拿到个大项目，让老板和同事对自己刮目相看。可是，刚跑几天客户，他就又松懈下来：想周末去拜访客户，却又因为天气炎热，窝在家里吹空调、打游戏；想要留下来加班写文案，却被朋友一句话叫去喝酒闲聊……

你不是说要加班写文案吗？

文案可以明天再写，今天最重要的事情是喝酒！

与其说李铭这样的人懒惰、贪图安逸，不如说他认知低，不能从高处看自己。一个人若只活在自己的小世界里，坐井观天，不仅容易沾沾自喜，而且很难有成长和进步。

● 方法点拨

单纯追求安逸的人生态度是不值得提倡的，因为这样的人生没有色彩、黯淡无光。那么，我们如何避免使自己贪图安逸呢?

· 跳出小世界，从高处看自己

站在高处看事物才能一览无余，才能清楚地看到全局，否则只能活在自己的小世界里，无法把握人生的正确方向。所以，我们要站在高处看自己，确保真正地认识自己，保持清醒冷静的头脑，明确知晓自己追求什么、该做什么、能做什么、最终能做好什么，而不是做一只井底之蛙，得过且过，逃避努力。

· 清除杂念，清醒头脑

没人喜欢吃苦，没人愿意整天处于奔波劳累之中。可是，如果想要成功，就必须抛弃懒惰，让自己始终保持一种积极、努力的状态。没机会，就去找机会;有机会，就去努力，不给自己找任何借口，不被眼前或想象中的困难吓倒。在这个过程中，我们必须相信自己，坚信自己的所有决定，不被杂念干扰，不被任何享乐的东西诱惑。

· 主动寻求挑战

贪图安逸的人往往习惯于稳定的生活和工作环境，不愿意冒险尝试新的东西。然而，只有在变化和挑战中，我们才能不断地成长和进步。

因此，我们应该积极、主动地寻求新的机会和挑战，例如参加培训、接受新的工作任务等。通过不断地扩展自己的边界，克服贪图安逸的心态，从而使我们不断获得成长和进步。

第 二 章

提升心智：
坏情绪的消失，意味着
智慧的增长

坏情绪会迷惑我们的心智，让我们难以做出正确的判断。

想要解决面临的难题，我们必须学会管理和控制自己的情绪，

努力让自己保持积极、稳定的心态，成为有智慧的人。

无法自控，总是乱发脾气？

合理表达情绪，告别情绪化表达

♥ 情景再现

陈女士最近总是乱发脾气，一件小事就能惹得她火冒三丈，情绪来时，完全不顾场合地发脾气。一天，陈女士的孩子想买一个玩具，因为家里已经有一个类似的玩具了，所以她二话不说就拒绝了。见孩子有些不高兴，她立刻火气上涌，劈头盖脸地把孩子骂了一通。可发完火后，她就后悔了。但下次遇到类似的事情，她还是会发脾气，然后陷入发火—自责—发火的恶性循环中。

任何负面情绪的产生，比如烦躁、愤怒等，都有其背后的原因。如果我们不能透过情绪的表象，发掘其产生的原因，从根源处解决问题，那么便无法做好情绪管理，以至于容易受到负面情绪的影响而随意发泄情绪。

随意发泄情绪并不能解决问题，反而会适得其反。那么，我们该如何正确地管理情绪，合理地表达情绪呢?

· 不逃避，正确面对负面情绪

每个人都有情绪，遇到好事会高兴、会笑，遇到坏事或难题会愤怒、烦躁、悲伤。当出现负面情绪时，我们应该学会正确地面对，不逃避、不排斥、不对抗，要学会接纳事实，接纳自己的坏情绪。如果刻意去压制负面情绪，不让它得到释放，经过日积月累，它就会像气阀被堵住的高压锅一样，看似无异样，实则已临近爆炸边缘。

· 学会喊"停"，让自己冷静下来

学会识别自己要发脾气的信号，比如心跳加速、呼吸急促、声调突然变高等。一旦察觉自己的情绪要失控，立即在心里对自己喊"停"，然后深呼吸，默数 10 个数，或者离开原地，远离让自己愤怒的人或环境，让自己冷静下来。

· 适度宣泄，找到释放情绪的出口

负面情绪需要及时找到一个表达、释放的出口。可以向家人及朋友倾诉，也可以通过打球、跑步、听音乐、练瑜伽、冥想等形式放松心情。

不过要注意，宣泄不能过度，也不能过于随意。

· 自我安慰，进行积极的自我暗示

我们可以通过语言、想象等方式进行自我安慰、自我激励，给自己积极、正面的暗示。当我们因为某件事生气，想要发脾气时，不妨对自己说"这没什么大不了的""不生气，不值得"，多说几次之后，情绪就会慢慢稳定下来。当这种自我暗示成为一种习惯，我们自然也就告别了情绪化表达。

事情还没发生，就开始担忧？

减少焦虑，停止精神内耗

● 情景再现

陈女士有一个乖巧、可爱的女儿，她最大的心愿就是女儿能够健康、快乐地成长。一天，陈女士看到一个校园霸凌的视频，想到女儿读书、工作时要独自面对复杂的人际关系，如果她也遇到校园霸凌或坏人，那该怎么办呢？陈女士越想越觉得可怕，甚至焦虑到夜不能眠。

一想到妞妞可能会遭遇校园霸凌，在外面会被坏人欺负，我就很担心，怎么还睡得着呢？

半夜三更的，咋不睡觉呢？

说啥呢？咱妞妞不是连幼儿园都还没上吗？

打破焦虑的方式之一就是建立信任，即相信世界是有序的、公平的、确定的，只要我们没有犯错，就不会受到惩罚。建立起这样的信任感以后，我们就会觉得世界是安全的，从而不那么容易感到恐惧。

◐ 方法点拨

那些困住我们、折磨我们的情绪，实际上根源都在我们自身。那么，我们该如何摆脱这些情绪对自我的束缚呢？

· 从"绝对确定"转向"不太确定"

很多人之所以产生焦虑，是因为他们过于循规蹈矩，做任何事情都追求稳妥、保险，所以对于那些不确定的、无法掌控的因素，就会感到焦虑。其实，只要自己肯走出去，充分地体验、感受这种不确定的感觉，适当地去做一些自己无法掌控的事情，让大脑从排斥到慢慢接受、适应、习惯这种"不太确定"的模式，那么在面临冲击时，就不那么容易引起情绪的波动了。

· 转移注意力，加强心理暗示

心理学中有一种元认知疗法，其中有一种技巧，叫作注意力训练，具体操作方式是，拿出一张纸，在上面写下你所担心的事情。比如，你担心新来的同事会取代你的位置，那就把这个担忧写在纸上，然后带着这张纸到阳台或户外，把纸举起来，看着它，再把目光的焦点移动到远处的建筑和风景上。这时候，纸虽然还在你的眼前，但是你的焦点已经转移到了远处。经过反复练习后，就能得到一个积极的心理暗示：我可以自主地掌控它。

· 坚持锻炼和运动，增强自信心

科学家认为，我们的身体会不断综合肌肉和骨骼的状态，获取全身运动能力的信息，这些信息会构成我们对"自己能做什么"的内在认知。而这种内在认知会在很大程度上影响我们的自信心和自尊心。因此，平时多锻炼身体，我们整个人的状态就会更加高昂，就会有更充足的动力去探索和行动，从而不再容易感到疲惫。同时，锻炼时产生的内啡肽也可以缓解我们面对压力和挑战时感到的不适。

生活太累，身心不堪重负？

卸载压力，精简生活

♥ 情景再现

　　小吴在一家国内顶尖的互联网公司上班。他的工作状态非常紧张，每天早上 9 点钟到公司，一直工作到晚上 10 点多，一整天都被工作、客户、上司压得喘不过气来。他也想换个轻松点的工作，可是一想到房贷的压力、孩子教育的压力、赡养老人的压力等，又不得不逼着自己咬牙坚持。小吴觉得自己身心疲惫，真怕突然哪一天崩溃了。

♥ 情景解析

压力是一种身体和心理上的紧张状态，通常由外部环境或内部因素引起。对工作要求过高、工作量大、时间紧迫等因素都可能导致压力增加。金钱问题、失业威胁等经济方面的压力会对我们产生巨大的影响。那些持续积累以及超过我们承受能力的压力，足以给我们的身心带来严重危害，甚至让我们濒临崩溃。

♥ 方法点拨

生活太累、压力太大的时候，最重要的不是逃避，也不是直接对抗压力，而是积极地释放压力。那么，我们如何才能释放内心的压力呢？

· 适当放空大脑

就像随时清理手机里的缓存一样，及时移除大脑中那些不重要的、负面的、繁杂的思绪和想法，给自己的大脑减轻负担，才能避免胡思乱想，更好地专注于眼前的事。

· 简化生活，追求"轻生活"的状态

什么是"轻生活"？就是简单、从容、快乐的生活状态。我们可以从以下几个方面着手：给自己的生活做一次"断舍离"，放下自己的攀比之心，不被过度的物质束缚和困扰，如房子、车子、衣服、化妆品等，以及名利、金钱、成功等欲望；丢掉一些让自己产生负担的习惯或喜好，专注于最重要的东西和自己能控制的事情；提倡清淡、适量的饮食习惯，减轻身体的负担；保持快乐的心态，把所有事情都看轻些、看淡些。

· 让自己停下来，去丰富自己的人生体验

停下来，从繁忙、快节奏的生活中脱离出来，尽可能去丰富自己的

人生体验。可以去旅行，见识外面丰富多彩的世界，阅览大山大河，体验风土民情；可以去探险，玩有趣的游乐项目，体验刺激、惊险的极限运动。只要是自己没有经历过的、体验过的，都可以利用空闲时间去尝试、去体验。在这个过程中，环境变了，心境就变了，压力自然也会得到释放。

事后总是懊悔不已?

告别冲动，深思熟虑再行动

▼ 情景再现

李聪不管做什么事情，总是事后懊悔，责怪自己为什么选择了 A，而不是选择 B；或者责怪自己当初没有好好考虑，冲动之下就做了决定。结果导致自己一做事就处于焦虑状态，原本不是太复杂的事情也做不好。渐渐地，李聪失去了信心和勇气，在做决策时总是畏首畏尾。

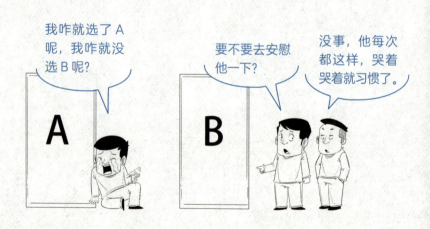

▼ 情景解析

后悔是每个人或多或少都会有的负面情绪，这种情绪来自我们的反事实性假设。我们之所以会后悔，是因为我们对于既成事实不满，认为它与自己想象中的结果存在着巨大反差。同时，这也是我们常犯的一个逻辑性错误，即拿着结果去倒推原因。

● 方法点拨

想要告别后悔情绪，我们只需做到以下三点就可以了。

· 做事之前要深思熟虑

有些人事后总是后悔，是因为其行动本身就具有冲动性、盲目性。在做出决策的那一瞬间，他们的大脑通常是一片空白，或者说被冲动、激动、愤怒等负面情绪所左右，不假思索就去做了。事后却发现做错了事，惹下了大麻烦，或者造成了非常大的损失。想要避免以上情形的发生，就必须告别冲动、盲目，做事之前要深思熟虑、审时度势、权衡利弊。

· 找到做事的"情感触发器"

我们被负面情绪左右时，便容易做出错误的决策。想要避免这种情况，就需要找到自己的"情感触发器"，即做事时能触发我们内心最强烈情感能量的人、事、物、经历以及愿望等。然后记下来，有针对性地制订出计划，按照正确的方式去执行，自然就不会做错事，更不会事后懊悔。

· 把注意力转移到"已得到""已完成"的事情上

人们总是喜欢把注意力放在"未得到""未完成"的事情上。很多时候，我们之所以事后后悔，就是因为过度夸大或美化"未完成"的目标，或想象中的结局。因此，想要告别这种后悔情绪，就要学会把注意力从"未得到""未完成"的事情上转移到"已得到""已完成"的事情上，即便结果不尽如人意，也要保持良好的心态，然后真正思考清楚如何争取和弥补，以免日后再重蹈覆辙。

一到公众场合，说话就紧张？

克服恐惧，自信表达

♥ 情景再现

阿峰一到公众场合说话、演讲就紧张，内心极度恐慌。一次，阿峰工作非常出色，得到了甲方的赞赏。周一晨会上，领导特意点名表扬了他，并让他分享一下经验。阿峰因为紧张，站起来后满脸通红，大脑一片空白，憋了半天才磕磕巴巴说了几句话。坐下后，他羞愧万分，恨不得找个地缝钻进去。

我……我的经验是……

大家都这么熟了，说话还这么紧张！

♥ 情景解析

害怕当众讲话，主要是自卑心理在作祟。从心理学上讲，这类人太在意别人的看法，太害怕遭到别人的质疑，以至于缺乏应有的自信和勇气。

◖方法点拨

想克服恐惧，必须进行必要的心理调适和训练。那么，我们如何做呢？

· 增强自信，放松身体

心理学家认为，行走时抬头、挺胸、目视前方，可以改变一个人的心态，让人精神抖擞、自信起来。同时，放松身体，比如找个舒服的地方坐下来，闭上眼睛，放松身体的每一个部位，或者深呼吸几次，可以适当缓解紧张和恐惧。所以，如果你害怕当众讲话，不妨做做以上的训练，久而久之，就能更从容、自信地在公众场合发言了。

· 利用"精神胜利法"

鲁迅笔下的阿Q独创了"精神胜利法"。其实，这种方法对战胜恐惧是非常有效的。紧张的时候，不妨在心里或小声对自己说"没什么可紧张的""我很自信，我能讲好""下面都是熟人，我可以当作是在和某个人聊天"……通过不断地进行自我暗示，潜意识接收到这些信息后，自然就会把紧张、恐惧等情绪清除出去，你也能变得自信起来。

· 专注自己说的话

专注自己说的话，其实也是一种转移注意力的方式。你之所以会紧张，是因为你的注意力在听众、环境甚至自己身上，关心听众是否愿意听你讲话，他们会怎样评价你，你的形象怎么样……相反，如果你把注意力全部放在讲话本身上，忘了自己、忘了听众，只专注于自己的表达，那么你的表现就会比想象中好得多。

总是因为失败而崩溃？

培养逆商，学会反脆弱

♥情景再现

梦梦是个高中生，平时成绩总是名列前茅，最近却由于学习压力大，成绩不理想，她的情绪非常低落。尤其是一次模拟考试考砸后，她当即就情绪崩溃了，回家后更是大哭不止，不吃饭、不说话，把自己一个人关在房间里。之后，每次考试不理想，她便情绪崩溃，甚至出现自伤、自残的冲动行为。

◆ 情景解析

内心不够强大，便容易因为一点小事而崩溃。这就是我们所说的"玻璃心"。在这些人看来，任何事情都应该按照他们的心意来，一旦出现意外，其挫折感、愤怒感便会油然而生，进而从一开始的以自我为中心，转变为敏感、焦虑、悲观的心态，甚至最后情绪崩溃。

◆ 方法点拨

漫漫人生路，逆境无处不在。那么，我们该如何去面对逆境，并战胜"玻璃心"呢？

· 保持冷静，停止抱怨

心理脆弱的人在面对人生不如意的时候，总是喜欢去抱怨，而抱怨只会让事情更加恶化。相反，逆商高的强者面对失败、逆境和低谷，绝不会抱怨，而是让自己保持头脑和情绪的冷静，因为越冷静，越容易找到解决问题的方法，从而转败为胜、扭转乾坤、走出低谷。

· 放大自身的优势

真正内心强大的人在遭遇逆境时，不会失去自信，而是会放大自己的优势，搞清楚自己在逆境中还能做什么。这时候，人的思维便是积极的，从而能降低负面情绪，让自己从沮丧、懊恼、失意中跳出来，然后试图找到问题、解决问题。

· 接受不完美

俗话说，人生不如意事十之八九。强者的人生也有很多遗憾和不完美，但是他们之所以成为强者，就在于他们能接受种种不完美，与自己的人生和解，而不是自寻烦恼，非要苛求并不存在的完美。

总是感到莫名的孤独？

走出抑郁，建立与自己、他人及社会的连接

♥ 情景再现

阿语的心中总是有一股莫名的孤独感，尤其是独处或身处陌生环境时，这种孤独感越发强烈，心里总是空落落的。当这种孤独感来袭时，就算是在聚餐、唱歌等热闹场合，他也会感到孤独。他很想融进眼前的欢乐氛围，却又感觉自己格格不入。有时在深夜无法入睡时，他就会反复纠结："为什么我总是倍感孤独？为什么没人理解我？"

孤独是指一个人在心理上感觉孤单、无助、被孤立或无法融入社会的状态。有些人虽然表面上看起来很乐观、开朗，但是他们的内心非常脆弱、敏感。当他们遇到不顺心的事情时，就会陷入极度抑郁甚至崩溃的状态。这时候，如果他们无法与别人交流和沟通，他们就会变得越来越孤僻和内向。

● 方法点拨

孤独不但会侵蚀我们的内心，更会影响我们的行为。那么，我们如何走出抑郁的阴霾，化解莫名的孤独呢？

· 找回自己，建立与自己的连接

一个人迷失了自己，便容易抑郁，会莫名感觉孤独。所以，我们要想办法找回自己，与自己的潜意识进行对话，关注自己当下内心的感受与需要，然后带着接纳、欣赏的态度与自己建立连接，建立和发展更真实、正面的自己。当然，这不是让我们自我内耗，更不是自我凝视。一旦过度自我凝视，只关注自己，与内心的各种想法纠缠，更容易让我们陷入孤独。

· 积极社交，建立与他人的连接

当我们感到孤独的时候，应该学会主动建立与他人的连接，不仅要努力巩固原有的亲密关系，比如，与亲友、爱人有效互动、真诚沟通，更要积极参与各种优质的社交活动，敞开心扉，真正接纳、欣赏他人，形成良好的社交。

· 改变自己的思维方式

当我们的思维方式出现问题时，我们就很容易感觉到孤独。我们需要改变自己的思维方式，让自己更加积极向上。比如，我们可以学会感恩、乐观、自信等，这些积极向上的情感可以帮助我们战胜孤独。

第 三 章

沟通钥匙：
话说对了，问题
就解决了

沟通中遇到的难题，大部分原因是我们不会说话或说错了话。这个时候，我们要从问题中跳出来，反思一下自己——我是否说错了话？只要话说对了，问题就能解决了。

说得口干舌燥，对方毫无感觉？

少费唇舌，提升倾听力

♥ 情景再现

一天，小吴去拜访客户，想说服客户签订合作合同。一见面，小吴就滔滔不绝地说优势、讲数据。尽管他已经说得口干舌燥，可是客户仍然不感兴趣，摇着头、皱着眉，始终不肯松口。小吴误以为是自己没把问题说透，想要继续发动"攻势"，可惜还没开口，客户就对他下了逐客令。小吴不明白，为什么自己使出了浑身解数，客户仍然无动于衷呢？

我们的产品有以下优势……我们的技术是最先进的……您看……

你一个劲儿地自说自话，烦死了！为什么不听我说说？

♥ 情景解析

很多时候，我们之所以沟通不畅，达不到说服的目的，关键在于我们未从对方的立场出发，只顾着自己说，却忘了听对方说。我们说话是为了表达自己，更是为了说给别人听，从而实现说服、交流等目的。如果只顾着自己说，不了解对方的需求，不听对方的想法，那么沟通就变成了自言自语、自说自话，说再多也没有任何意义。

● 方法点拨

善于倾听是高效沟通的捷径。那么，我们如何提升自己的倾听力呢？

· 把说话的机会留给对方

想要提升倾听力，就要把说话的机会留给对方。我们可以提出问题，引导对方说出自己的想法、需求和感受，同时在对方表达的时候，要专注地听、有目的性地听，不插话、不打断。即便有不同的意见，也不要贸然打断对方，而是要等对方说完之后再谈自己的观点。

· 站在对方的立场考虑问题

在沟通中，同理心是非常重要的。如果我们能了解对方的需求和想法，理解对方的感受和处境，能站在对方的立场来考虑问题，就不会只按照自己的想法、思维去试图说服对方。真正有深度、有效力的倾听，就是要有同理心，这样才能很快地了解对方，然后有针对性地与对方谈话。

· 适时复述，给予反馈

在与对方沟通的过程中，可以选择适当的时机，用自己的措辞复述对方的观点，包括对方所说的事实和感受，注意不要掺杂自己的观点。刚开始采用这个技巧时，我们可能会感觉很不自然，但是多次使用之后，我们就能感受到它的价值了。

缺乏沟通技巧，说话让人不舒服？

好好说话，一开口就让人喜欢你

　　琪琪平时很活泼，喜欢交朋友，喜欢与人交谈。可是，她发现不管自己走到哪里，好像都不招人待见，明明自己主动和人说话，对方却爱答不理；明明对方几人交谈甚欢，可是自己一接茬儿，大家就都不出声了。这是为什么呢？想到自己这么招人厌，大家都不喜欢自己，琪琪心里非常难过。

　　情景解析

　　生活中确实存在像琪琪这样的人，他们渴望创造或维系良好的人际关系，但是不知为什么，他们说出来的话、表达出来的语气总是让人不舒服，甚至让人反感。他们可能没有学习过如何有效地沟通，不知道如何表达自己的想法和情感，或者不知道如何倾听别人的意见和反馈。

♥方法点拨

良好的人际关系是从好好说话开始的。那么，我们如何才能说出好听的话，一开口就让人喜欢呢？

· 嘴巴甜一些，说别人喜欢听的话

想把话说到对方的心坎里，我们必须做到不口出恶言，说话委婉、温和，不命令、不强迫对方；多说鼓励、建议的话，不说讽刺、嘲笑的话；多说暖心、肯定的话，不说冰冷、否定的话。

· 学会赞美，不吝赞美

赞美不仅会让对方心花怒放，还能将一份美好和正能量传递给对方，同时，对方也会回馈我们一份美好与正能量。不论何时何地，我们都要学会赞美、善于赞美，发现对方的优点，给予真诚的赞美，而不是盯着对方的缺点、错处去贬低。当我们不吝赞美，把对对方的赞美落到实处时，自然可以得到对方的正向反馈。

· 说话幽默，展现自我智慧

幽默可以彰显一个人的才华和智慧，幽默的谈吐能创造轻松、融洽的谈话氛围，让对方全神贯注并牢牢记住我们的观点。单调乏味、呆板枯燥的讲话往往令人听之生厌，如果能在交谈中注入一点幽默元素，则能使我们的讲话化腐朽为神奇，让平淡无奇的讲话变得活泼而生动。

朋友提出不合理请求?

委婉说"不",高效拒绝不得罪人

● 情景再现

朋友想借方伟的车带女朋友外出旅行。方伟想拒绝,因为爱车刚买一个月,怕剐蹭或出意外。但是,如果他直接拒绝,又怕伤了朋友的感情,担心友谊的小船翻了。眼看着朋友借车的日期越来越近,方伟心急如焚,不知道如何是好。

马上就到他借车的日子了,我该怎么拒绝他呢?

我想带女友去旅行,借你的车一用!

不好意思拒绝朋友的要求，看似怕伤及对方的情面，实际上是害怕说"不"的心理在作祟。这其实是一种"以己度人"的心理效应，简单来说就是，拒绝的行为未必会伤害到朋友，而是我们的内心接受不了被人拒绝，所以就认为朋友也接受不了被人拒绝，因此我们不敢说出拒绝的话。

● 方法点拨

拒绝本没什么大不了的，关键在于我们如何拒绝，既不委屈自己，又不得罪他人。下面几种方法供大家参考。

· 遵从自己的内心

我们难以拒绝别人的要求，很大原因在于过度在意他人的眼光，担心拒绝后会被对方讨厌，因而心里产生愧疚感，导致自己总是对别人的要求全盘接受。想要改变这种状况，就要遵从自己的内心，先问问自己内心是否接受，会不会觉得委屈。如果我们从心底不想答应，就要勇敢地说"不"!

· "三明治"拒绝法

"三明治"拒绝法可以分解为三个步骤：先以感谢的口吻，谢谢对方信任自己，向自己提出请求；接着据实陈述无法接受的理由，获得对方的理解；最后致以歉意，予以心理安慰。比如，别人找你帮忙，如果你实在不愿意帮，可以这样拒绝："你是我的朋友，如果不是信得过我，你也不会来找我。但是我实在忙不过来，只能向你说声抱歉了。下次你若再找我，我一定尽力帮你。"

· 巧借他人法

在拒绝别人时，可以巧借他人为理由进行拒绝。比如，朋友来你工作的店买家具，看遍了店里陈列的样品，还是没找到满意的款式，于是要求到仓库看看。如果你不好意思直接拒绝，就可以往领导身上推："前几天我们经理刚说过，没有他的批示，任何非库房工作人员都不能进仓库。"再比如，同学聚会，你确实不想喝酒，便可以借医嘱来拒酒："我上次体检查出肝脏不太好，医生严令禁止我喝酒，大家就饶了我吧！"

不知道说什么，聊天总冷场？
牢记急救话题，彻底摆脱尬聊

　　每次和别人聊天，雨霏只会客套地问好，然后双方的对话就变成"你最近怎样呀？""你是做什么工作的？""最近没看见你，是不是工作太忙了？"……"嗯，还行。""我是做销售的。""是的，有点忙。"……之后就没什么可聊的了，最后只能回一个尴尬而不失礼貌的微笑。雨霏也不想冷场，可是她实在不知道如何去畅聊。

太尴尬了！接下来我该说什么呢？

最……最近工作忙吗？

还好吧。

这问题都问了三遍了，不会还有第四遍吧？

♥ 情景解析

在社交场合中，冷场是指谈话期间的长时间停顿，而这种停顿会带来一种令人沉默的尴尬。有的人为了避免这种尴尬，就没话找话，但如果话题找得不合适，只能让场面更冷，导致双方更加尴尬。想要避免冷场，我们需要找到合适的话题，让对方对我们的话题感兴趣，愿意继续聊下去。

♥ 方法点拨

好的话题有很多，只要我们用心，便可以与对方有话可聊。那么，我们如何找到让双方都聊得欢快的话题呢？

· 牢记急救话题

我们可以准备一些急救话题，以备不时之需。比如，社会现象类话题，即近期的某则新闻、某个社会事件；兴趣爱好类话题，即大家感兴趣的书籍、运动，甚至喜欢的明星等；关系情感类话题，即关于爱情、友情、亲情的看法，或者自己的一些苦恼，对方的一些喜事等；生活琐事类话题，即生活中一些有趣的八卦、第三方的一些趣事等。以上这些话题适合绝大部分场合与对象。

· 具体问题具体分析，和不同的人聊不同的话题

虽然很多话题是通用的，但是为了更好地畅聊，我们需要根据不同对象的身份、性格、职业、年龄等来选择话题。比如，与同辈男性比较熟悉，一般可以聊聊兴趣爱好类的话题，如果对方是球迷，可以聊聊欧冠、世界杯等话题。不过要注意，即便是双方都喜欢的话题，也不要一直在这个话题上不停地交流，时间长了容易让对方感到厌烦。

· 与对方同频率聊天

同频率聊天，表现为状态同频和情感同频两个方面。状态同频是指在聊天的过程中，我们应该尊重对方的状态，如果对方很忙碌，我们就要长话短说，及时结束话题；如果对方情绪不佳，我们就不要大谈特谈自己的得意之事；等等。情感同频是指我们说的话要以双方的情感为基础，即不同的关系要说不同的话。如果是普通朋友，我们应该彬彬有礼，不要开过分的玩笑；如果是至交好友，我们可以有话直说，甚至可以互相调侃；等等。

遭遇言语刁难，面临尴尬局面？

高情商回话，四两拨千斤

❤ 情景再现

李宇因为工作表现突出，被公司提拔为部门主管。但是在他作部门述职的时候，落败的竞争对手却故意刁难，提起李宇曾经在工作中出现的失误，还问他如何避免类似失误的发生。李宇顿时愣在原地，想发火又不能发火，想解释又不知如何解释。同事们交头接耳、议论纷纷，场面十分尴尬。

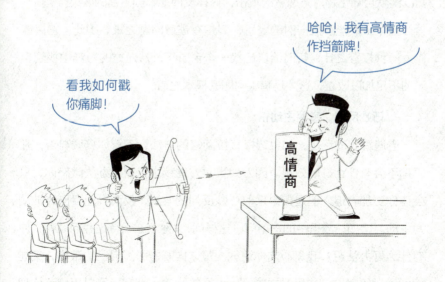

❏ 情景解析

那些故意刁难你的人或是为了凸显自己的优越，或是对你怀有敌意。这个时候，你越是辩解、反驳，他们就越会咄咄逼人；可是，如果你保持沉默，只会让自己更尴尬，陷入被动。此时，最好的办法就是巧妙地回话，四两拨千斤。

❏ 方法点拨

能否化解尴尬，关键在于我们能否展现出高情商与智慧。那么，我们如何才能高情商地化解尴尬呢？

· 适当幽默一下

如果对方刁难的确实是自己存在的问题和不足，这个时候就不要硬生生地反击，这样很容易导致对方变本加厉地嘲讽。遇到这种情况，不妨以幽默自嘲化解对方恶意的攻击，这样反而能收到不错的效果。

幽默虽然能解决一时的尴尬，但是有逃避问题之嫌。因此，它只能作为一种权宜之计，暂时给自己找一个台阶下。从对方的刁难中找到自己的不足加以改正，这才是解决问题的根本之道。

· 巧妙反问，掌握主动权

遭遇尴尬的话题，如果选择直接回答的方法，不管你真诚与否，几乎都不会有什么好的效果。因为如果对方继续出击，想办法激怒你，只会让你更加窘迫。但是如果采取巧妙反问的方法，反而会让自己转被动为主动。比如，故事中的李宇可以这样问："你怎么看待这些问题呢？你有什么好办法吗？我真心向你请教。"这样既能彰显自己的谦虚，又能把问题抛给对方。如果对方能给出更好的回答，李宇还可以用感谢体现出自己的真诚和大度。

· 转移话题，化解尴尬

巧妙转移话题，把尴尬的话题放在一边，转而谈其他的话题，可以分散和瓦解对方的注意力与攻击力，同时可以让你从窘态中得以解脱。你可以转移话题的角度，从其他方面加以解读；可以故意曲解对方的意思，避重就轻；也可以借题发挥，把自己的问题转为普遍的、所有人的问题。只要话题转移得巧妙，便可以化解尴尬，扭转僵局。

被人针对和孤立？
说话有分寸，多替对方着想

　　刘畅虽然工作能力很强，但是同事们都对他敬而远之。一次，几个同事一起外出吃饭，恰好一个体味儿比较重的同事也在场。刘畅不顾场合，立刻大声说："哎呀！你不要坐我旁边，真受不了你身上的味儿！"结果，那位同事羞愤离场，从此和他形同路人。可惜，刘畅至今不知道问题出在哪里，还时常抱怨："为什么被孤立的人总是我？我哪里做得都挺好呀！"

058

人际孤立是一种遭到社会拒绝的状态，且这种拒绝往往是被动的。造成人际孤立的原因有很多，最常见的原因是自己说话、做事有缺陷。如果你说话、做事没分寸、不尊重人，就很容易被人针对和孤立。

● 方法点拨

说话有分寸在人际交往中非常重要。那么，我们如何拿捏好说话的分寸呢？

· **说话不要太直，要考虑对方的感受**

说话太直，不顾及对方的感受，直接批评对方，把对方的缺陷说出来，会严重伤害对方的自尊、情感；说话太难听，不仅会惹人不满、生气，还会让自己被讨厌、被疏离。所以，与人交流的时候，千万不能自顾自地说，而要关注对方，思考对方听到这些话的感受，是不是喜欢听，会不会感到尴尬、受到伤害。把话说得好听些、委婉些、柔和些，才能招人喜欢。

· **注意说话的场合，把握说话的尺度**

说话的时候，要注意场合、时间、禁忌和原则。比如，在公开场合说私密的话，谈及别人的隐私，在别人诸事不顺、情绪低落时说自己高兴的事、分享有趣的新闻，都会惹人不满、得罪人。同时，说话不分对象，不了解他人的"禁区"，触犯他人的底线，也会招人厌烦。

· **点到为止，不把话说满**

对不熟悉的人，话不能说得太满，尽量不要用一些太绝对的词语。把话说得太满，只会让自己陷入尴尬，甚至得罪人。比如，"我之后就是饿死，也决不会来求你！""没问题，我一定能完成任务！"世事无绝对，只有谨言慎行，说话点到为止，才能给自己和别人留机会、留颜面，从而促进人际关系的和谐发展。

越讲道理，别人越抗拒？

换位思考，找到说服的突破口

◆ 情景再现

　　王女士的女儿最近越来越叛逆，经常犯同样的错误，怎么说都不改。一天，女儿又犯了相同的错误，王女士极力控制自己的情绪，耐心地给她讲道理。谁知女儿满不在乎，后来竟然不耐烦起来，气冲冲地说："我偏要这样！"王女士气恼不已，可是又没有什么好办法。

你为什么又犯这样的错误……这个道理我跟你说了多少次了……

别说了，烦死了！你越说，我越不听！

◆ 情景解析

　　心理学上有一种"超限效应"，是指人所受的刺激过多、过强或时间过久之后，便会引起心理的不耐烦或反抗。当我们批评他人或试图说服他人的时候，如果重复次数过多，或者讲道理时间过长，又全程以自我为中心，那么对方就会失去耐心，心中充满排斥感，最后谈话的结果也不理想。

◆ 方法点拨

说服他人的时候，我们说得越多，越企图压制对方，对方就越抗拒。那么，如何才能让对方接受我们的想法，心甘情愿地被我们说服呢？

· 拒绝以自我为中心

说服他人的时候，很多人容易以自我为中心，理所当然地认为自己是对的，企图用滔滔不绝讲大道理的方式来让别人认同自己。然而，对方也容易以自我为中心，证明自己可以主导自己，而不是"听你的"。这样一来，对方便不会轻易认可你，即便对方心里认同你的说法，也会表现出抗拒、不愿听从的样子。因此，想要说服别人，必须避免以自我为中心的说服方式。

· 摸透对方的心理，让对方心悦诚服

有效说服不是把自己的观点强加给别人，强迫对方接受、认同自己的观点。我们需要做的是，摸透对方的心理，针对其真实想法、抗拒情绪产生的根源来"对症下药"。同时，还需要从对方的利益出发，委婉地告诉对方"接受我的建议，你将获得多少利益""不接受我的建议，会产生什么危害"。

· 说话简短有力，不要滔滔不绝

不管什么时候，说话都要简短有力，说过一次的话，就不要多次重复；能 1 分钟说完，就不要用 5 分钟。把握说话的尺度，力求掷地有声，才能达到说服的目的。

第四章

交际艺术：
让别人舒服，也让
自己舒服

人与人交往，最理想的状态莫过于让别人感觉舒服，也让自己心情舒畅。如果你只想让别人舒服，忽视自己的感受，这样的交往就是失败的。反之，亦是如此。

掏心掏肺换来撕心裂肺？

交心慢一点，拼速度交不到真朋友

● 情景再现

　　舒舒初入职场，和同事阿曼都喜欢某个明星，上班间隙她们经常叽叽喳喳地讨论这个明星。很快，舒舒就把阿曼当成了好朋友，什么秘密都告诉她，还主动帮她解决工作上的问题。不久，舒舒发现自己的秘密传遍了办公室，很明显它们是阿曼传播出去的。另外，阿曼还经常把工作推给自己，并且抢占自己的功劳，甚至跟同事说："活该！谁让她傻！"舒舒非常伤心，不明白为什么自己的掏心掏肺会换来这样的结局。

❤ 情景解析

人性复杂。有人虚伪、城府深，表面一套，背后一套；有人别有用心，总是怀着不可告人的目的接近他人。所以，与人相交，我们不要轻易交心，即便交心，也要慢一些。

❤ 方法点拨

交心太快，很容易让自己伤痕累累。那么，与人交往时，我们如何正确地交心呢？

· 与人交往，不求一时的亲密

在人际交往中，很多人容易犯这样的错误：因为与某个人兴趣相投，或者因某个话题谈得愉快，便很快与对方形成亲密的关系，一下子就与对方交心。然而，只图一时的愉快相处，还没看出对方的性格、三观，不了解对方为人处世的作风，就太快交心，很容易交到不合适的朋友，相处起来也非常累。更重要的是，这样的朋友来得快，去得也快。因此，与人交往不要只求一时的亲密，要慢慢地相处。

· 慢慢观察，看清对方再交心

我们要慢慢观察对方，不仅要观察其言谈举止，更要观察其品性、修养、道德。只有观察仔细了，才能发现对方是正直、善良的人，还是虚伪、奸诈的人；对方对我们是真诚、友善，还是虚假、耍手段。在这个过程中，我们可以坦坦荡荡，不虚伪、不做作，但是要给自己留些时间思考、缓冲。未完全了解、看清对方之前，不论说话还是做事，我们都要有所保留，直到完全看清楚和信任对方，再付出真心，我们才不至于受伤害、被算计。

· 与交心快的人相交，也要慢一些

有些人看似真诚、直爽，很快就能与人打成一片。遇到这样交心快的人，我们也需要保持警惕，不可着急地交出真心，因为他们掏出的可能是"假心"，或者对谁都轻易地交心。一旦我们付出真心，又得不到相应的回应，就会产生被背叛的感觉，导致自己受到伤害。如果这种人别有用心，利用我们的弱点来实现其不可告人的目的，那么我们很可能被他们欺骗。

识人不明，遇人不淑？

绝交快一点，拖泥带水只会伤害自己

艾达结交了一位新朋友，这位朋友平时温和有礼、善解人意。可是慢慢地，艾达发现她似乎不那么正直，她曾经因为一点点利益便抛弃了一个朋友，还把那个朋友说得一无是处。一次，她又向艾达说起了那个朋友的坏话，并且信誓旦旦地向艾达保证："是她太坏了，所以我才说她。不过你放心，你这么好，我绝不会这样对你！"听着这些话，艾达陷入了迷茫，不知道该不该继续交这个朋友。

068

⚫情景解析

由于识人不明，我们可能会与虚伪、自私、阴险、邪恶的人相交，他们可能会以各种各样的方式伤害我们。比如，他们可能会利用我们的善良，实现他们不可告人的目的。一旦发现这种情况，我们要做的就是尽快远离他们，与他们保持距离，否则很容易让自己受到伤害。

⚫方法点拨

人最怕的就是遇人不淑、交友不慎。那么，如果我们误交不良朋友，如何避免让自己受到伤害呢？

· 与小人绝交，越快越好

孔子说："君子坦荡荡，小人长戚戚。"小人通常心思不正、自私自利，为了个人利益不择手段，不惜陷害他人；喜欢斤斤计较，一点小事都会放在心里，睚眦必报；喜欢笑里藏刀，在暗处算计他人。如果我们发现自己误交小人，一定要尽快避而远之，该断交就断交；千万不要以硬碰硬，更不要奢望用真心去感化他，否则只会把自己搭进去。

· 保持合适的度，适当容忍

很多小人之所以难缠，主要在于他们唯利是图，喜欢占便宜，不喜欢吃亏。如果不可避免地要与小人相处，我们也不要害怕和躲避，要把握一个合适的度，既不要得罪对方，以免激怒对方做出极端的事情；也不要过度容忍，以免对方得寸进尺、变本加厉。适度容忍，维持表面的关系，才是最有效的方法。

· 提高警惕，洁身自好

心思不正的人最善于当面一套、背后一套，暗中搞一些小动作。如果由于客观原因，无法与这样的人绝交，比如对方是工作中的合作伙伴，必须与其接洽相关的工作，那么最好和对方保持相应的距离，避免私下过多接触。同时要提高戒备心，不要轻易暴露自己的缺点、隐私；要洁身自好，不给对方抓住把柄的机会。

越懂事，越被欺负？

太讨好，恐怕留不住朋友

♥ 情景再现

　　爱爱很懂事，处处为别人着想，无私地帮助身边的人。谁让她帮忙，她宁愿耽误自己的事，也要热心地帮助对方；就算不喜欢做某事，但只要别人对她提出要求，她也会假装高兴地接受，还忙前忙后，一副乐在其中的样子。可是，爱爱并不受人欢迎，还经常有人欺负她。为此，她时常委屈地想："为什么我越懂事，越被人欺负呢？"

柿子当然只拣软的捏！

讨好型人格是指一味地讨好他人，忽视自己感受的人格。这是一种潜在的、不健康的行为模式。具有这种人格的人存在三个错误的核心思维：一是我很弱；二是我必须做些什么，别人才会喜欢我；三是我不配拒绝别人并对别人提出要求。

讨好型人格的人很容易被人看不起，会让人觉得他所做的一切都是理所当然的，以至于很难得到他人的真心。那么，如何才能转变讨好型人格呢？

· 做真实的自己，与他人保持真实的关系

什么是真实的交往关系？即保持自我的本性，坚持自己的主张，不迎合、不讨好，不一味地付出；以自我内心为准则，该拒绝的时候拒绝，该争取的时候争取；明确自己与他人是平等的，不把自己放在一个较低的位置。这样的关系是真实的、平等的、友好的。当你保持真实的自己，且愿意在交往中付出真心真意时，就可以赢得别人的尊重与喜欢。

· 尊重自己的需求，拒绝活在他人的期待中

讨好者渴望的是一种本质上边界混乱的相处模式，即他们既要满足别人的需求、为别人负责，同时也希望别人满足他们的需求、为他们负责。为此，他们更容易忽略自己的需求，活在他人的期待中。为了满足他人的期待，讨好者不断地讨好他人，接受他人的指使和命令，不惜勉强自己、委屈自己。想要转变讨好型人格，我们必须尊重自己的需求，拒绝把他人的需求与期望放在第一位。

· 接纳自己，让自己变得更自信

因为不自信，所以人们常害怕别人不喜欢自己，害怕没人愿意和自己交朋友，进而逼自己更为他人着想。可事实上，一个人越是自卑和讨好，越是没有个性，便越可能没人喜欢。因此，我们必须努力做好自己，学会尊重自己、接纳自己，而不是压抑自己、忽视自己。

被人冷落，融不进圈子？

提升价值，搭建人脉共同体

郝飞是个生意人，辛苦打拼几年之后，总算有了些成绩。在与人做生意的过程中，郝飞领悟到了人脉的重要性，于是他开始四处应酬，努力融入大佬的圈层。一次，郝飞通过各种关系拿到了某金融界大佬举办的酒会的入场券，想借此机会结交一些大佬。然而，他发现不管自己如何卖力搭讪，都没人愿意与自己交谈。很多大佬只是礼貌地回应一下，便与其他人畅聊起来，只留下他一人尴尬独饮。

❤ 情景解析

因为人们身份、地位、阅历、个人修养和教育环境等的不同，在无形中形成了很多不同的圈层。现实生活中，很多人想突破圈层，融入更优秀的圈层，可这并非一件容易的事。每个圈层都有自己的壁垒，任何人都不能随随便便融入某个圈层。

❤ 方法点拨

在人际交往中，我们之所以被冷落，其根本原因在于自身价值不大，不被人需要。那么，我们如何才能突破圈层，融入自己想融入的圈子呢？

· 圈子不同，不必强融

《论语》有云："道不同，不相为谋。"无论你的社交能力多强，大多情况下你都只能与同一个层次的人建立起信任和互助关系。因此，圈子不同，即身份地位不同、兴趣爱好不同、三观不同，就没必要强迫自己去融入。即便你勉强进入某个圈子，也换不来别人的真心，还可能被看不起；刻意讨好、委屈自己，只会让自己身心疲惫。选择与自己契合的朋友，融入合适的圈子，尽量避免不公平交换，才能更好地搭建人脉网络。

· 提升自身价值，而不是忙于应酬

任何人际关系都是需要和被需要的关系，都是价值交换的关系。你的价值越大，能够吸引的人越多，越容易被高层次圈层的人接纳和欢迎。所以，想要融入某个圈子，不要忙于应酬，要先看看自身究竟有多大价值，然后尽量提升自身价值，保证自己能用足够的能力和价值与他人进

行交换。当你的能力和价值足够大时，即便你不应酬，别人也会主动拉你进入圈子。

· 发现他人需求，适当展现自身价值

你的价值决定你是否被圈子里的人喜欢，决定你能否结识更多、更有价值的人脉。所以，你要不断提升自我价值，同时要了解他人的需求，根据其需求来展现自己的价值。比如，你想融入技术类圈层，就需要展现你在技术方面的优势，充分证明自己是技术一流的人才，这样才能精准、有效地进行"价值交换"，避免无效社交。

对人际交往过敏？

保持钝感力，告别自寻烦恼

◆ 情景再现

　　杨超为人比较敏感，平时说话、做事总是放不开，生怕得罪别人，惹别人不高兴。他还容易想得很多，别人无意的一句话就能让他心事重重、坐立不安。虽然已经工作多年，但他几乎不与同事交流，因工作需要不得已交流时，他也总是低着头，不敢和人对视。他也曾鼓励自己勇敢些，可是每当与人交流的时候，他就会本能地逃避，避免让自己惹上麻烦。

告别社恐很简单，提升钝感力就行啦！

钝感力

情景解析

很多人有社交恐惧，其实是因为他们过于敏感。敏感的人有一定的优势，即足够细心，能考虑别人的情绪，共情能力强。但是如果过于敏感，便容易让自己胡思乱想、精神内耗，导致人际交往出现障碍，甚至陷入社交恐惧之中。

方法点拨

想要有效地与人交往，我们需要提升钝感力，让自己变得"迟钝"一些。那么，我们如何提升自己的钝感力呢？

· 收起"玻璃心"，适当"厚脸皮"

马未都曾说："你在社会上混，敏感不重要，钝感重要，别人批评你一句，你就寻死觅活的，那肯定不行。"过于敏感的人容易胡思乱想，说话前会有很多心理活动："我和他不熟，跟他打招呼，他会不会不理我？别人不理我，我该多尴尬啊！"别人再正常不过的一句话，都可能让他思考许久："这句话是什么意思？他是不是讨厌我？我做错了什么……"正因为想得太多、心如玻璃，所以才会越来越敏感，越来越恐惧社交，陷入恶性循环。因此，想要提升钝感力，更好地社交，就必须收起"玻璃心"，努力把自己的脸皮练得"厚"一些。

· 克服自卑，相信自己是被接纳的

过于敏感的人或多或少都是自卑的。因为自卑，所以怀疑自己、否定自己；因为自卑，所以没有勇气去社交，不敢大胆展现自己。想要提升钝感力，我们必须克服自卑，相信自己是有价值、有魅力的人，相信周围的人是喜欢自己的，是心存善意的，不会因为我们的一点点小缺点

而讨厌我们、不接纳我们。

· 控制情绪，拒绝烦恼

高度敏感的人情绪非常容易波动，而且容易把别人的情绪归因到自己身上。而钝感力来源于我们对生活和情绪的主动控制力，所以我们需要保持积极的心态，学会控制自己的情绪；忽略别人多余的声音，把烦恼都隔绝在心门之外；学会只操心自己的事情，只为自己的情绪负责，拒绝"过于共情"。

友谊的小船说翻就翻?

保持边界感，让距离产生美

晓慧和好朋友芸芸决裂了，原因是晓慧参加公司的酒会，因为口红刚好用完了，就拿了芸芸的新口红来用。芸芸知道后，生气地大喊："你凭什么用我的口红？那是我男朋友送给我的生日礼物，我还一次没用呢！"之后，两人友谊的小船彻底翻了。晓慧非常伤心，也十分费解："我们那么亲密无间，为什么她因一支小小的口红就和我闹翻了？"

我们是好朋友，我的就是你的，你的就是我的。有必要分这么清吗？

呵，那你的工资能是我的吗？

每个人都是独立的个体，各有各的隐私、底线，即便关系再亲密，也无权侵犯他人的隐私、突破他人的底线。一旦不分彼此，缺少边界感，亲密关系便可能会走向毁灭。以爱之名，过度侵入他人的生活，试图控制对方，亲密关系也将荡然无存。

● 方法点拨

"敬而不畏""亲而不亵，近而不狎"是社交的最高境界，这就要求我们既保持亲密关系，又不致失去边界而侵犯对方的独立和尊严。那么，我们如何正确地保持边界感呢？

· **根据对象，区分与他人之间的边界**

建立边界感的前提是学会区分关系。通常情况下，我们与他人之间的关系分为四大类：一是日常交易关系，即与服务员、商贩等人员的关系；二是合作关系，即与同事、同学、客户之间的关系；三是情感层面的关系，即与好朋友、恋人之间的关系；四是支持性层面的关系，即与爱人、家人、孩子之间的关系。关系不同，心理距离就不同，亲密程度自然也不同。保持边界感，根据不同关系保持好说话、做事的分寸，自然就不会越界。

· **划定和保持自己的边界**

在亲密关系中，我们应该懂得划定和保持自己的边界。首先，要明确自己的原则与底线，哪些行为是能接受的，哪些行为是不能接受的；什么距离是可以容忍的，什么距离会感到被冒犯；道德和为人处世的底线是什么。其次，要强调自己的原则与底线，并勇敢维护自我。遇到朋友不懂分寸、侵犯自己边界的情况，要积极表达自己的感受，制止对方的越界行为，这样才能成功保持自己的边界。

· 尊重他人的边界

与关系亲密的人相处时，我们可能会失去分寸。比如，任性做自己喜欢做的事情，忽视对方的感受；认为关系亲密了，便不存在什么隐私，随意侵犯对方的隐私；忍不住想要控制对方，满足自己内心的愿望与渴求……殊不知，每个人都有自己的隐私、尊严与人格，关系再亲密，也不能为所欲为。不尊重他人的边界，随意冒犯他人，注定会让一段关系出现裂痕。

疲于应酬，心力交瘁？

有选择地拒绝，减少无效社交

　　林杰上班时忙得不可开交，下班后及周末还要与领导、客户、同事应酬，几乎没有一点私人时间，这让他心力交瘁、焦虑不已。一天，下班时间刚到，林杰就赶紧收拾东西准备离开。谁知他刚站起来，同事就过来打招呼说："小林，今天不用加班，咱们去放松放松！"林杰心中叫苦不迭，只能苦笑着答应下来。

❂ 情景解析

适当的应酬和交际是好事，但是让自己疲于应酬，且总是参加一些可有可无、只吃吃喝喝或无聊吹嘘的应酬，便容易使人陷入无效社交的陷阱。无效社交的典型表现有三个：其一，交浅言深；其二，有数量没质量；其三，与雄辩者社交。

❂ 方法点拨

无效社交的危害非常大，不但会损耗我们的社会关系，还会让我们心力交瘁。那么，我们如何避免无效社交，进行有效社交呢？

· 有选择地进行应酬

生活中，一些聚会、饭局都属于可有可无的无效社交。比如，一群人总是聚在一起不谈正事，只喝酒、吹牛、胡侃；参加不熟悉的朋友或不同圈子的朋友组织的饭局；等等。这些无效社交只会占用我们的时间，消耗我们的精力，对于我们的生活、工作毫无意义。所以，我们要学会"断舍离"，拒绝那些不必要、不重要、不合适、令自己不舒适的应酬社交，有选择地参加必要、重要、合适、令自己舒适的应酬社交。

· 根据自己的目标选择社交群体

漫无目的地应酬社交，不利于我们实现自己的目标，应酬社交应该与自己的目标相结合。比如，想创业，就要多与事业成功者、有经验的创业者打交道；想从事新媒体行业，就要想办法与该圈层的人接触，通过有效应酬社交努力进入这一圈层。当然，这不是让我们攀关系，而是让我们寻找同频的圈层，发挥自己的个人价值，实现双赢。

· 用"间谍思维"处理应酬社交

用"间谍思维"处理应酬社交，简单来说，就是要做到以下三点：第一，明确自己的社交目的，寻找合适、重要的社交对象，然后营造一个巧妙、合理的第一次见面的理由；第二，了解对方的个人信息，找到与对方建立联系的理由；第三，与对方建立联系之后，寻找继续保持联系的理由，比如共同做一件事、提供客户资源等。

第五章

激活思维：
打开思维格局，让获胜概率更大化

很多时候，我们之所以失败，不是行动的问题，而是思维的问题。如果我们总是失败，却又找不到原因，不妨转变一下思维，打开思维的格局。

很努力了，却始终不成功？

真正的高手，都有破局思维

💙情景再现

　　李振是个很勤奋的青年，在公司工作了五年，任劳任怨，什么重活儿、累活儿都抢着干，每次加班也总是少不了他的身影。然而，五年下来，同部门的同事有的升职了，有的跳槽了，而他依旧是个普通的小职员，每天坐在僻静的角落里。有时李振也很迷惑："为什么自己明明很努力，却总是和成功无缘？"

努力是成功的必要条件，但不是充分条件，努力了不一定就能取得成功，关键在于要有效努力。当你发现自己明明努力了很久，却依然没有成功时，就应该认真审视自己，看看自己努力的方向和方式是否正确。拒绝盲目努力，抛弃固有思维，才能打破无效努力的死循环。

● 方法点拨

无效努力的人往往会陷入思维的"牢笼"，只有敢于破局，才能找到出路。那么，如何提升这种破局的思维和能力呢？

· 提升做事的层级，在高水平的层级做事

如果你已经很勤奋、很努力了，可依然效能不佳、不能成功，问题的关键可能在于你只是在低水平的层级做事。事实上，努力做事可以分成三个层级：第一层级是重复的努力，即只埋头苦干，不思考；第二层级是不断改变方法的努力，即遇到问题就反思，寻找更好的方法去尝试、学习，改变做事的方式、方法；第三层级是远景使命的努力，即先明确目标和远景，然后找到自己的核心竞争力，认清自己的主场赛道再努力。只有提升做事的层级，拒绝在低水平的层级努力，才能事半功倍。

· 提升思维的维度，跳出现有思维的"牢笼"

在工作和生活中，我们总会遇到很多问题。有些问题很简单，直接就能解决；有些问题很困难，需要多方面地深入思考，才能找到更高效、更便捷的解决方法。这就需要我们避免单一、固有的思维模式，学会提升思维的维度，采取逆向思维、发散思维以及深度思维来思考，寻求可突破的点。从单一思维模式升级到高层次的思维模式，才能挖掘出问题

的本质，实现破局。

· 提升认知水平，从根源解决问题

如果认知上有局限，我们的很多努力就会是低效的，甚至是无效的。比如，认知水平低的人，只能或只喜欢接受低密度的信息，用以往的经验来作判断，只看见眼前的利益，这很容易导致作出的选择看似正确，其实是错误的，或者不是最优的。因此，我们必须努力实现认知升级，这样才能提升思维的层次，拥有更高的视野，进而实现人生的逆转。

总是遭到质疑和指责？

坚持主张，不轻易被别人动摇

　　阿媛是一位年轻的妈妈，平时喜欢在网络上分享带娃日常和育儿知识。虽然有很多网友支持和鼓励她，但是仍有不少人质疑和指责她，甚至说出很难听的话。比如，有人说她只是用孩子博取流量，等有了流量之后就会带货、打广告；还有人说她分享的很多育儿知识是错误的，她不是一个称职的妈妈……面对质疑和指责，阿媛非常沮丧，不知道是放弃还是继续坚持下去。

被人质疑和指责，我们可能会产生负面情绪，动摇信心。如果让自己困在"被指责"的旋涡中，很容易让我们自我怀疑、自我否定，久而久之，这种自我怀疑和自我否定就会像附骨之疽，不断蚕食我们的自信心、自尊心，让我们彻底失去自我。

被人质疑和指责，在我们生活中无法避免。那么，我们应该如何去应对呢？

· 识别质疑和指责是善意还是恶意

当别人质疑或指责我们的时候，我们首先要思考对方是善意的还是恶意的。若是善意的，要分析其观点是否正确，是否对自己有帮助。如果是基于事实或理性的分析，我们就应该虚心接受、采纳；若是对自己没有帮助，我们就要坚持自己的主张，不要轻易被影响和左右。如果一些人心怀恶意，毫无理由地责骂、讽刺或侮辱我们，我们就需要理智面对，可以置之不理，也可以巧妙还击。但是绝不能困于其中，让它影响我们内心的平和，甚至影响我们的生活。

· 坚定信念，进一步坚定自己

面对他人的质疑、指责和否定，我们需要鼓励自己坚守信念和主张。如何让自己更坚定呢？首先，我们要明确自己的目标和动机，确认目标是正确的之后，就要增强信念；其次，我们要提升自信，不轻易否定自己；最后，我们要积极地进行自我激励，不断给予自己积极的自我暗示。

· 变"自我沉浸"为"自我抽离"

面对质疑和否定，容易陷入自我怀疑的人，往往有很多内心戏，容易沉浸在负面情绪中，不断回忆别人的质疑和否定，不断强化自我的无能感。因此，我们必须把这种"自我沉浸"的倾向转变为"自我抽离"，即从其他角度来看问题。比如，我们可以转换一下角度，思考以下问题：我面对的问题是什么？问题出在哪里？深层原因和直接原因是什么？如果换作别人，是否会遇到一样的问题？把情绪、感受放在一边，让自己去理性思考，便不容易被情绪吞噬、被他人左右。

以往的方法失效了？

有点新意，不拘泥于以往经验

❤情景再现

石磊看文旅行业比较火，于是决定投资做文旅项目。由于之前他与别人合作过大型文旅小镇项目，且收益颇丰，便决定借鉴以往的经验和方法，在某地进行大规模投资，建造一个规模较大的小镇。然而，令石磊没想到的是，尽管前期他做了很多宣传，但是业绩却非常惨淡，大笔投资打了水漂。石磊疑惑不解："为什么之前的项目非常成功，现在的项目却一败涂地？"

▼ 情景解析

经验有时的确很管用。但是，万事万物都是变化的，不懂得改变和创新，拘泥于以往的经验、方法，只能得到一个结果——失败。因此，我们应该避免用常规的方式思考问题，更不要一味用以往的经验和方法解决问题。

▼ 方法点拨

很多时候，困住我们的是思维。转变思维，不断让自己去突破、创新，才能拥有更多的收获。那么，我们应该怎么做呢？

· 不被以往经验束缚住

成功的经验、方式，因人而异，因时间、环境而异。之前我们采取某个方法解决问题，获得了成功，现在再采取这个方法解决问题，未必就能再次成功。因为世界千变万化，即便是做同样的事情，如果时间、地点、客观环境发生了变化，也会产生迥然不同的结果。因此，我们要善于思考，不要沉迷于以往经验，不要拘泥于陈规旧习，而要积极寻求改变与创新。

· 抛弃习惯性思维，突破思维定式

习惯性思维会让我们按照固定不变的思维模式、思维程序去做事。时间长了，会导致我们思维僵化，不会变通、不会创新，不自觉地按照固有经验、固有套路去做事。所以，我们必须抛弃习惯性思维，多尝试逆向思维，同时开拓视野、活跃思路；不钻牛角尖，善于采取多向思考的方式，进行创造性、建设性的思考。

· 适应变化，主动让自己去改变

不管面对任何问题，我们都要善于求"变"。第一，我们要发现和接受变化，适应新的环境，面对新的问题；第二，要转变思维，转变心态，转变行为方式；第三，要保持灵活性，快速调整自己的计划、决策与行动，以适应变化的环境、问题的需求；第四，要不断学习新的知识和技能，探索新的环境与问题，提高自己解决问题的能力；第五，要保持积极乐观的心态，不抱怨、不退缩。

做得很多，收效很小？

明确目标，在行动上简单一些

○ **情景再现**

距离部门例会开始只剩 10 分钟，小宋还没有做完需要在会上汇报的项目策划书。类似的事情经常发生。小宋不是工作不努力，他经常十几个小时连轴转，有时甚至都顾不上吃午饭。但是，他的工作效率并不高，结果也常常不尽如人意。面对这样的情况，小宋心里非常焦急，不知道如何改进。

我已经很努力了，每天做很多事情，怎么就没成效呢？

你整天都在忙什么？

很多人欠缺的不是努力，而是明确的目标，以及科学的行动方式。不确立清晰、明确的目标，不筛选出真正需要去做的事情，然后高效地去行动，只会沦为无效的忙碌者。

◎**方法点拨**

只有让我们的努力更有效，才能避免浪费时间和精力，进而实现目的。那么，如何才能让我们的努力更有效呢？

· 明确目标，做好计划

首先，我们必须明确自己的目标，知晓自己的工作目标是什么，不仅是当日目标、当周目标、当月目标等短期目标，还有当年目标、人生目标等中长期目标。然后，每天对自己的工作进行梳理，把重要的事情、真正需要做的事情记录下来，然后做好工作计划，一步步去执行，如此便可以实现高效努力。当然，目标要清晰、具体，对我们的工作具有方向性和引导性。

· 最小行动，让行动变得简单

最小行动就是从最小的行动单位着手。比如，我们需要完成一项策划方案，首先要收集、整理资料，与客户进行沟通，完善数据资料，而不是先确定主题。从简单的行动开始，且做到快速行动，循序渐进，成效自然就明显了。

· 管理精力，把精力放在关键地方

高效的工作依靠时间管理与目标管理，更依靠精力管理。精力是一种生理能力，做事的时候，如果管理不好精力，时间安排得再精妙，目

标设置得再明确，恐怕也无法真正高效地完成。因此，我们要学会精力管理，保证充沛的体能和积极的情绪，善于思考，看清目标，坚定意志，不轻易放弃；集中精力，把精力用在重要的事情上，发挥精力的最大效用。

任务太复杂、太难完成？

把核心任务分解成若干个小任务

李畅接到一个工作任务，一开始他以为这是个简单的差事。可真正着手后他才发现这个任务太复杂了，资料多、工作量大，而且是自己不熟悉的业务领域。眼看一整天过去了，李畅仍然没有任何思路，不知道从何处下手。于是，他越来越着急，可越着急，思维越混乱；思维越混乱，越找不到思路。

有些看似复杂、艰难的任务，其实并非真的难以完成。想要解决问题，必须先明确核心任务是什么，然后把核心任务分解成若干个小任务。接着具体明确每个小任务，再将每个小任务逐个击破，一步一步地完成，就能高效地完成整个任务了。

分解任务是解决复杂、艰难任务的最常用、最有效方法。那么，我们如何通过分解任务来高效实现目的呢？

· 分解任务的方式

对于核心任务，我们可以纵向来分解，也可以横向来分解。纵向分解是从核心任务出发，从不同角度将其分解成多个不同的小任务。比如，领导要求我们把部门业绩提升到 10 万，那么我们便可以把任务分解成如何积累意向客户、如何把意向客户转为实际客户、如何提升销售量、如何进行宣传等。一步步完成小任务后，就可以顺利完成核心任务。横向分解是把核心任务由上而下一层一层地分解，明确责任，具体到工作的各个方面。

· 优先解决重要的事，集中精力攻克最难的任务

"二八定律"告诉我们，优先解决重要的事，集中精力攻克最难的任务，有利于我们提高效率，顺利地完成任务。因此，分解完任务之后，我们应该依照小任务的轻重缓急进行划分，并将其列入四象限表格中，然后优先、集中精力处理那些重要且紧急的任务，再依次处理重要但不紧急的任务、不重要但紧急的任务、不重要也不紧急的任务。

· 设定时间限制，高效完成每个小任务

任务分解之后，我们需要给每一个小任务设定期限，然后系统地完成核心任务。在这个过程中，我们要衡量每天的进度，检查每天的成果。若是顺利完成了，就给自己一些小奖励；若是没完成，则给自己一些小惩罚，同时反思、审查自己的工作，弄明白是目标出现了问题，还是自己拖延了或不够专注。需要注意的是，千万不要同时进行几个小任务，否则不但无法高效完成，还会让自己分心、焦躁。

事事都落后，处处都被动？

大胆去冒险，抢占先机

李建去参加一年一度的同学聚会，他高高兴兴地去，却垂头丧气地回来。他发现许多同学都事业有成，有的生意做得红红火火，有的靠副业赚得盆满钵满，有的则在职场混得风生水起……只有他自己还是个普通职员，每月拿着几千元的工资，远远落后于其他同学。他不明白自己究竟差在哪儿，这么多年过去了，自己依旧是混得最惨的那一个。

哪个方向最安全，没有危险呢？

❤ 情景解析

有些人能成功，是因为他们敢于冒险，敢于抢占先机；有些人失败或平庸，是因为他们不敢冒险，或没有冒险意识，始终处于被动的状态。因此，想要有所突破，想要成就卓越，就必须敢于冒险，大胆尝试新的事物、迎接新的挑战。

❤ 方法点拨

人生最大的冒险就是不敢冒险。那么，我们该如何大胆冒险，抢占先机呢？

· 培养追逐目标的野心

一个没有野心的人，很难让自己行动起来，更谈不上大胆冒险了。所以，不管我们身在何处，都要有梦想、有野心。比如，你只是一个普通职员，但是却有成为总经理的野心，那么你就不会安于现状，心中就会升起一股强烈的欲望。在这股欲望的支配下，你便有了行动的勇气，不管什么时候都敢于尝试、敢于突破。

· 关键时刻，敢于放手一搏

遇到大好机会的时候，犹豫迟疑，等着别人先行动，就会让别人抢占先机；遇到难题的时候，瞻前顾后，担心这、担心那，就很难有大的突破。所以，我们需要有放手一搏的勇气，在关键时刻快速决策，甚至不惜做出孤注一掷的选择。

· 冒险要有底线

很多人认为"舍不得孩子套不着狼"，想抢占先机，获得成功，就必须大胆冒险，而且冒的风险越大，成功的概率就越大，获得的收益就越大。可事实上，这样的想法是不对的。我们固然要敢于冒险，但是心中必须留有一定的底线，决不能为了一场冒险而毁掉自己所有的后路。冒险应该以理智的分析和判断为前提，把无知的冲动当作冒险的勇气，结果只能是万劫不复。

遭遇失败，身陷逆境？

逆着看逆境，提升自己的逆商

♥情景再现

吴飞做生意失败了，他经营多年的公司破产倒闭，还欠了银行、客户一大笔钱，无奈只能卖掉车子、房子。从那之后，吴飞靠着送外卖挣钱来维持生活。他不愿见任何朋友，还一心想和妻子离婚，说自己不愿意拖累妻子。尽管妻子和朋友都鼓励他从头再来，但他却不为所动，担心自己再次失败。

面对失败与逆境，沮丧、胆怯是人之常情。但是，我们要提升自己的逆商，坦然面对失败与逆境，学会从另一个角度看待失败与逆境，否则便会陷入"习得性无助"的陷阱，永远走不出失败与逆境。

● 方法点拨

逆商是指面对挫折、摆脱困境和超越困难的能力。缺乏逆商，我们的人生将不堪一击。那么，我们如何提升自己的逆商呢？

· 倾听自己对失败、逆境的感受与反应

当遭遇失败、身陷逆境的时候，我们要勇于承认自己的失败，认清自己身处逆境之中，然后感受自己的情绪，不管是沮丧、害怕，还是烦躁、不知所措，都要用心去感受。这样做可以让我们面对现实，以积极的心态来应对失败与逆境，同时给我们的大脑敲响警钟，打断潜意识里的自动反应，比如逃避。

· 保持乐观，从另一个角度看待失败与逆境

当一个人的内心被焦虑、悲观填满的时候，他就再也接收不到其他信息了。因此，我们需要保持积极乐观的心态，转变自己的思维模式，从另一个角度来看待失败与逆境。我们可以给自己一些积极的心理暗示："失败是正常的，是通往成功的必要途径。""只要我不断吸取失败的教训，只要我不放弃，下一次就会获得成功。"

· 不将挫败感延伸到其他方面

有些人的挫败感就像病毒一样，会快速延伸到其工作、生活的方方面面。只是一个小挫折，他便否定一切，认定自己是彻头彻尾的失败者，

认定自己满盘皆输了，以至于失去全部希望，陷入绝望之中。想要提升逆商，我们必须保持理智，正确看待挫折与失败，不让挫败感延伸，而是把它严格控制在当前事件上。即便接连失败，我们也要看到积极的一面，告诉自己："我只是在这件事上失败了，我还有很多优势，我可以在很多其他事情上做得很好。"

第六章

博弈策略：
无往不利，在博弈中
笑到最后

在生活和工作中，我们无时无刻不在与自己、他人、环境进行着较量与博弈。所以，我们必须具备博弈思维，巧妙地利用博弈策略来解决难题，帮助我们脱离困境。

身边人都在疯狂内卷？
在"囚徒困境"中做出最优抉择

◆ 情景再现

　　王磊感觉压力很大，因为同事们都是"卷王"，干什么都卷，谁也不甘心落后于人。公司规定下午6点下班，可是同事们都不约而同地加班，直到晚上9点左右才相继离开；工作周报只需简单地汇报工作进度，可是很多同事却写一两千字；业绩指标更是竞争激烈，最高业绩不断被刷新……王磊不想被卷，可又不得不卷起来。

◎情景解析

内卷，实质上是一种"恶性竞争"，在这种竞争下人人都不断抽打自己以使自己前进，从而陷入陀螺式的死循环中。为了追求个人利益的最大化，即所谓的业绩或升职，人人都拼命努力、拒绝躺平，于是这个博弈达到了纳什均衡（指任何一位玩家在策略组合下单方面改变自己的策略，都不会提高自身的收益），大家都成了内卷的"囚徒"。

◎方法点拨

两名嫌疑人被警察关在两间不同的审讯室里，警察告诉他们，两人都选择不招供，他们就会免受惩罚或判处轻刑；两人都选择招供，他们都会被判刑；一个招供一个不招供，招供的人会受到从轻发落，不招供的人会被严惩。对于警察提出的选择，两名嫌疑人是这样权衡的：如果对方招供，我不招供，我会被严惩；我招供，则可能被从轻发落。对比之下，招供比较有利。最终，两名嫌疑人都选择了招供，都被判刑。这就是"囚徒困境"。从这一结果我们可以得出结论：个体最优的选择并非是集体最优的选择，甚至可能损害集体的利益。内卷是"囚徒困境"在现实中的典型体现。如果任由内卷无休止地发生，我们都将成为它的受害者，都要为了相同甚至更差的结果付出成倍的努力，最终只会在无限的内耗中收获更多疲惫与不满。那么，我们如何在"囚徒困境"中进行最优抉择呢？

· 专注自己的目标，反抗无端的内卷

每个人都要根据自身的实际情况，制订科学合理的工作目标、职场规划，然后根据目标、规划来做出精准判断，有效、正确地努力。当别

人内卷时，不妨审视、评判自己的表现与成绩，看是否符合目标、规划。如果符合，那就要肯定自己的工作，无须进行无效的内卷，更无须在意其他人的看法；如果不符合，那就鞭策自己好好努力，专注自己的目标，有效地努力，才能做得更出色。

· 打破能力壁垒，实现自身突破

内卷是卷别人，外卷是卷自己。内卷虽然能让我们创造价值，使个人收益最大化，但是这种最大化收益是短暂的。当我们卷不动的时候，内卷便会危害个人健康、阻碍职场发展。因此，与其机械化地攀比、消耗，不如正确地努力，突破自身能力的壁垒，实现潜能的突破与提升。当我们打造出别人不具备的核心竞争力时，不用内卷，也可以遥遥领先。

· 力求双赢，追求共同利益

想要摆脱内卷的困境，我们需要追求共同利益的最大化，而不是个人利益的最大化。具体来说，我们要做到以下几点：一是抛弃自私自利的想法，寻求与同事的合作，约定不内卷；二是"己所不欲，勿施于人"，不嘲笑拒绝内卷的人；三是营造良好的工作氛围。提倡良性竞争，杜绝恶性竞争，力求双赢，才能避免无效内卷。

"拉杆"成本太大?

审时度势，巧妙地"搭便车"

● 情景再现

　　康伟是一名优秀的创业者，他通过市场调研，提出了一个很好的创意项目——擦天花板的机器人。通过技术团队的集中研发，产品很快被生产出来了。然而，就在其产品即将推向市场的时候，某家电巨头提前推出了一款同类型产品，且性能更优越。面对如此强大的对手，康伟陷入了进退两难之中——是放弃，还是继续？

● 情景解析

　　在竞争中处于劣势，就算努力去拼，也占不了多大优势。在这种情况下，我们可以巧妙地运用"搭便车"的策略。等大公司"教育"好市场，改变潜在受众群体的消费习惯后，再跟随着去做，这样不但能以逸待劳，节省成本，还能获得更多的利益。

⚪方法点拨

假设一头大猪和一头小猪位于同一个猪圈内，猪圈的一端有一个食槽，另一端有一个杆子，拉下杆子可以释放 10 个单位的猪食到食槽中，但是谁拉杆子谁就会首先付出 2 个单位的成本，还会因此丧失先到槽边进食的机会。那么，在两头猪都有智慧的前提下，最终策略是小猪选择等待，大猪去拉杆子。这样小猪就可以"搭便车"，即不付出成本就能吃到猪食。这就是"智猪博弈"理论。"搭便车"策略就是"智猪博弈"理论的充分体现。那么，如何更好地"搭便车"，进而实现个人利益的最大化呢？

· 学会等待，借助强者的"势"

进入某一个行业，或研发某一产品时，如果发现"拉杆"成本太大，千万不要操之过急，要学会等待，等着大公司"教育"好市场再行动。如果实力不够，轻易去尝试的风险是极其大的，轻则耗费大量成本却收益甚微，重则彻底失败，赔个精光。但如果大公司已经证明该行业具有发展潜力，且让消费者认可了这一产品，我们再顺势而行，紧随其后，就可以轻松分得"蛋糕"。

· 与强者合作，巧妙地"抱大腿"

在博弈中，有竞争，也有合作。如果我们处于劣势地位，或者实力还很薄弱，就应该积极主动寻求与大企业合作的机会，抱上强者的"大腿"。当然，想要合作，我们必须具有核心价值，让对方从我们身上得到利益，同时我们也要敢于取舍，不必在意小利，不要吝啬给对方好处。

· 拒绝永远做"小猪"

只想着"搭便车"，一心跟在强者之后，那么永远只能靠着别人的"恩惠"来满足自己。在博弈中，我们虽然是"小猪"，但是要有做"大猪"的心态，想办法成为强者。我们要沉淀自己，不断强大自己的实力；在等待的过程中，要积极思考，审时度势，抓住机遇；要大胆冒险，敢于创新，敢于抢占新的风口。

薄饼或冰激凌，哪个也卖不好？

达成合作，最优结果才会显现

♥ 情景再现

西西在某小吃街卖巧克力薄饼，生意一直不怎么好，只能勉强维持生计。后来，东东在隔壁开了一家冰激凌店，开始生意还不错，后来也慢慢变得惨淡。虽然西西和东东尝试了不少方法，比如降价、发优惠券等，但是效果都不好。于是，同病相怜的两个人每天都唉声叹气，抱怨为什么生意就是不见好。

在博弈中，单打独斗是最不利的，无法让我们获得最大的收益，甚至还可能让我们一无所获。如果能够达成合作，各方取长补短，或形成一种奇妙、新颖的组合，那么就可以实现利益的最大化。

在博弈中，这种合作的技巧就是"猎鹿博弈"。"猎鹿博弈"源自法国思想家卢梭的著作《论人类不平等的起源和基础》中的一个故事：两个人外出打猎，猎物为鹿和兔，他们互不知道对方选择的猎物。如果选择鹿，则需要另一人也选择鹿，双方合作才能成功。如果选择兔，不需要合作也能成功，但猎兔的收益要小于猎鹿。那么，如何合作才能实现利益的最大化呢？

· 合作的前提是双方达成高度共识

合作是博弈中获取最大利益的最优决策。但是，合作的前提是双方必须达成高度共识，齐心协力。所谓共识，就是在思想、目标以及行动上达成一致。各怀心思，只是为了利用对方或者各自为营，各干各的，那么合作就会流于形式，导致 1 + 1 < 2。为了达成共识，我们还必须明确自己的原则和底线，包括自己想要什么，能达成什么，能给出什么；明确对方的需求是什么，痛点是什么，能提供什么。

· 提升共赢思维，学会与对方共赢

合作的目的是实现自我利益的最大化。如果每个人都想得到更多利益，忽视他人的利益，合作势必走向失败。因此，我们要善于找到利益分配的分界点。可以根据实力、贡献的大小来分配，实力强、贡献大，

分配比重就大；实力弱、贡献小，分配比重就小。如果实力、贡献相当，就必须公平分配，不可想方设法侵占他人的利益。

· 竞争对手也可以成为合作者

在博弈中，竞争对手之间是对抗关系：对手强大了，我方就处于被动地位；对手弱小了，我方就能获得更多利益。然而，在大环境的压力下，短兵相接的对手为了共同利益，在不损害各自竞争优势的前提下，也可以达成合作。比如，行业内的企业强强联合，共同开发新产品，合作开拓市场，甚至共享资源与人才，不但可以节约成本，还能让自己变得更强、获得更多利益。

投资热门项目，却赔个精光？

与大多数人相反，是胜出的途径

● 情景再现

　　张涵通过多年的努力工作赚了一些钱，准备投资创业。经过考察，他看中了一个热门项目，很多人投资后都赚了不少钱。张涵立即行动起来，找场地、雇员工、进货，每天都忙得不亦乐乎。然而，忙活了一年后，张涵不但没有赚到钱，反而赔了个精光，还欠下不少债务。张涵心中既苦恼又纳闷：明明别人都赚了钱，怎么轮到自己就赔钱了呢？

❤ 情景解析

在投资的时候，聪明人往往会选择"少数者博弈"策略（指生活在社会群体中的人们常常会遇到这样的问题：许多决策人同时面临两种选择，如果决策人的选择是少数人选择的，就将获益；否则就会失利），即不投资热门——多数人选择的项目，而是投资冷门——少数人选择的项目。因为任何事都有一个临界点，一旦超过临界点，便会失衡。热门项目由于投资者过多，一旦市场饱和，就容易投资失败。

❤ 方法点拨

在"少数者博弈"中，我们的选择要与大多数人相反，让自己成为少数人。那么，如何才能在这场博弈中胜出呢？

· 培养长远眼光，敢于成为少数人

在投资的博弈中，大多数人会根据获得的足够信息以及自身的情况，选择自己的最优策略。在这个过程中，我们并不都是理智的，会考虑个人喜好、社会期望、短期利益等因素，因此往往倾向于选择热门项目，或者与多数人保持一致。因为即便选择冷门项目，或者与少数人保持一致，也未必能获得利益，或者短期内只能获得少部分利益。因此，我们必须保持理智，并用长远眼光和全局意识来看待问题，成为敢与多数人"作对"的少数人。

· 避免从众心理的影响

在投资中，每个人都是独立决策的，除非与人合伙，否则很少与他人商议。但是，人的认知和判断往往容易受到外界因素的影响，本能地产生从众心理，即看到身边的人都做某件事，也会不自主地跟随。因此，

做决策的时候，我们要避免从众，不要看到别人都投资了某个项目且赚到了钱，就盲目地去投资。独立思考，不贪婪，审慎地分析市场、项目前景以及个人实际情况，才能做出正确的决策。

· 培养逆向思维

投资中的博弈需要逆向思维。比如，别人贪婪的时候，我们需要保持冷静；别人恐惧、观望的时候，我们需要贪婪一些，大胆地去冒险；独辟蹊径，寻找、开辟冷门的潜力投资项目；挣脱成功经验的束缚，不必模仿他人的成功。但培养逆向思维的前提是要具有敏锐的思维和前瞻性，做出合理的决策，而不是故意与主流背道而驰。

多方博弈中，自己实力最弱？

让鹬蚌相争，自己远离争斗

● 情景再现

一天，公司领导宣布要在李辉与另外两名同事之中选出一个部门主管，让他们三个好好表现，良性竞争。李辉分析了一下局势，发现同事 A 实力最强，同事 B 实力次之，自己实力最弱。于是，他认定自己被提拔概率是最低的，不由得沮丧起来，不知道是该放弃还是该努力，更不知道该如何努力才能成为获胜的那一个。

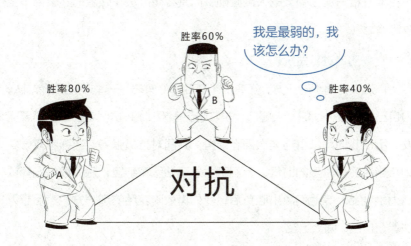

在多方博弈中，常常存在着复杂的关系，谁能获胜不但取决于个人的实力，更取决于实力对比关系以及各方的策略。作为实力最弱的一方，如果我们深谙"枪手博弈"（指三个人之间的决斗，即三个人持枪互相射击，每个人都想在决斗中最终生存下来）的策略，就有机会成为最后的赢家。

● 方法点拨

"鹬蚌相争，渔人得利。"作为博弈中实力最弱的一方，我们该如何去选择最优策略呢？

· 让强者相互制衡、相互争斗

我们要善于思考和分析局势的发展和实力对比关系，客观地认清自己的处境。明确自己是实力最弱的一方后，千万不要急于行动，更不要盲目地直接与实力强大的人硬碰硬，而是要想办法在强者的斗争中，坐收渔翁之利。

· 聪明地进行站队

作为实力弱小的一方，还有一个获胜的好策略——聪明地选择站队，为自己找到最合适的"大腿"。与实力最强者相比，次强者往往更需要盟友，所以我们可以主动与次强者结盟，共同对抗最强者。当强者双方实力相当且竞争激烈的时候，我们不要急于站队和结盟，避免做错选择或成为牺牲品。等他们决出胜负后，我们再依附获胜的那一方，然后想办法保全自己、强大自己。

· 找到优势，实现自我逆袭

即便我们是实力最弱的一方，也一定存在独特的优势。因此，我们要善于发现自身优势，并把这个优势加以放大和利用。这样一来，不论是自保、结盟还是对抗，都能增加自己的胜算。即便找不到什么优势也没关系，只要能根据局势趋利避害，小心谨慎地不断发展自身实力，也有机会成为最幸运的那一个。

狭路相逢换来两败俱伤？

该勇则勇，该尿则尿

　　一天早上，丁路开车出门上班，刚开出车位，便发现一辆车相向而来。由于过道两边都停着车，只能一辆车驶过，丁路便按了喇叭，示意对方稍微后退一些，让自己先开过去——对方的偏后方有空地。谁知，对方竟丝毫不让，还拼命地按喇叭。丁路立刻气不打一处来，干脆熄火等待。对方也熄火，停下来刷手机。慢慢地，丁路开始着急了，眼看上班就要迟到，不知是否还要跟对方耗下去。

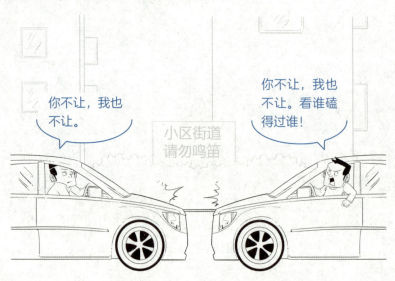

你不让，我也不让。

你不让，我也不让。看谁磕得过谁！

小区街道
请勿鸣笛

情景解析

狭路相逢，各不相让，这就是典型的"斗鸡博弈"。"斗鸡博弈"也被称为懦夫博弈、胆小鬼博弈。例如，两辆车相对行驶，如果都不退让，那么就会两败俱伤；为了不两败俱伤，必须有一个司机先退让。那么先退让的司机就会被称为懦夫、胆小鬼，而后退让的司机就成了赢家。如果两个司机都选择退让，那么两人都获得一个较低的收益。在这种博弈中，最坏的结果就是两个司机都不退让而导致两败俱伤。想要避免这样的结果，我们需要保持理性，不要凭着意气去做事；要学会思考，该进就进，该退就退。

方法点拨

那么，在"斗鸡博弈"中，我们如何做一个聪明的"胆小鬼"呢?

· 选择好时机，主动地"认尿"

当我们与别人势均力敌的时候，或谁也不愿意退让的时候，如果不顾一切地抱着"拼个鱼死网破"的心态，结果不是两败俱伤，也是"伤敌一千，自损八百"，甚至给第三方乘虚而入的机会。在这种情况下，我们必须保持理智，避免贪心和头脑发热而做出冲动、非理智的行为。只有看清事实，从大局出发，选择好时机主动让步、"认尿"，才是对自己有利的。

· 坦然面对，不必太在乎面子

很多时候，我们不愿意妥协、退让，不是因为实力够强，更不是因为相信自己的实力，而是担心丢了面子，被人嘲笑、看不起。可事实上，面子并没有那么重要。如果发现自己实力不如对方，或者发现死磕只会两败俱伤时，我们就应该及时妥协、认输，虽然丢了面子，但也及时止损了。否则的话，不但会丢了面子，还可能会受到更大伤害，损失更大利益，一举两失。

· 有目的地"认尿"，为自己谋取更大利益

妥协、退让并不是目的，我们需要利用妥协、退让来为自己谋取更大的利益。我们可以与对方谈条件，让对方给予一定的补偿；可以暂时退让，然后寻求第三方的帮助，以谋求更大的前进；也可以假装退让，然后再给予对方痛击。

陷于两难，骑虎难下？

有壮士断腕的勇气，才能及时止损

● 情景再现

范女士给女儿报了高端芭蕾舞班，每周一节课，每节课500元。可过了一年多后，舞蹈老师表示，范女士的女儿没天赋，且对舞蹈毫无兴趣，平时上课不认真、不努力。范女士不甘心，心想："都花了一大笔钱了，现在不学了，之前交的钱岂不浪费了？可如果继续学，女儿仍不感兴趣，没什么改善和进步，又该怎么办呢？"范女士陷入了进退两难的境地，不知道是让女儿继续学下去，还是干脆放弃。

到底要不要打开呢？

沉没成本

　　上述案例涉及博弈论中著名的"协和博弈"，即在决策过程中，因不愿放弃已经投入的成本，如时间、金钱、努力等，即使发现继续前进是不明智的，仍然选择继续前进，从而错失退出和止损的最佳时机。

　　"协和博弈"给我们的启示是，执着于错误的事情，就容易在错误的道路上越走越远，导致更大的损失。在博弈中，我们必须学会放弃，避免将错误进行下去；要有杀伐果断的魄力，避免因犹豫而将自己置于更危险的境地。

　　选择本身就是一种博弈。面对错误的事情，我们应该避免让自己陷于骑虎难下的困境。那么，我们该如何去做呢？

· 及时止损，不纠结沉没成本

　　那些已经投入的、无法取得回报的时间、金钱、精力等，都属于沉没成本。不管做什么事情，都不可避免地会产生沉没成本。因为沉没成本太大而不甘心放弃，可能会让我们做出不理智的行为，从而导致更大的损失。因此，我们要摆脱沉没成本的束缚，不要让它影响我们的决策，要敢于承认现实，这样才能及时止损。

· 跳出惯性思维的束缚

　　受惯性思维的影响，我们往往会认为只要我们付出了，就一定会有回报；我们常认为在一件事上投入越多，就越能获得更多的收益。可是由于种种客观因素的存在，付出未必就有回报，即使投入很多，也未必能获得相应的收益。因此，我们要跳出惯性思维的束缚，从另一方面来看待问题，要坦然面对付出可能没有回报的事实，拒绝内耗和纠缠。

· 战胜感性、侥幸和贪婪

如果一个人过于感性，就很容易被情绪支配，很容易抱着侥幸、贪婪的心理而做出冲动的事情。比如，明知道做的事是错误的，非要把它做完；明知道风险很大，收不回成本，仍继续投资，以至于让自己彻底陷入绝境。因此，我们不应该让感性支配理性，而要用理性战胜感性。

第七章

学会借势：
教你告别单打独斗，混圈子如鱼得水

不管你能力多出众，一旦抱着单打独斗的想法，就可能陷于被动、遭遇失败。学会借势，善于借助各方力量来帮自己解决难题，才能达到事半功倍的效果。

136

没平台，没资源？

融入优秀的圈子，避免闭门造车

▼ 情景再现

小齐发现一个好的创业项目，于是果断辞职，走上了创业之路。可是，他每天起早贪黑、东奔西跑，付出了几倍于常人的努力，仍没什么大的进展。眼看从父母、亲戚那里筹来的资金都花光了，他仍未打开销售渠道。小齐心急如焚，不禁感叹道："难道没人脉、没资源，创业就注定失败吗？"

◎ 情景解析

创业是一场冒险，你需要有能力、胆量和头脑，更需要有人脉、资源和平台。有了人脉，进入了某个圈子，那么一切消息、资源就都比圈子外的人来得快，更可以借助平台和人脉来提升自己、发展自己。

◎ 方法点拨

我们身边有各种圈子，社团圈、校友圈、客户圈、行业圈等，融入优秀的圈子，并善于利用人脉、资源和平台，便可以有效提高成功率。

· 抛弃自我主义，走出小圈子

很多人很自我，认为自己很强大，凭借着单打独斗就可以获得成功，所以不愿意去经营人脉，更不愿走出自己的小圈子。但是，这样做只会限制自己。所以，我们必须认识到人脉圈子的重要性，积极主动地融入更优秀的圈子。

· 建立有效的人脉圈子

想建立有效人脉，必须学会付出，共享自己的资源和渠道；成为别人的优势，能为别人提供帮助和价值；明确目标，寻找志同道合的人，而不是随便进入某个圈子；不迷信人脉圈子，不要总想着靠别人的力量来获得成功。在个人努力的前提下，充分利用人脉圈子，才能找到成功的捷径。

· 开发人脉圈子背后的巨大价值

想要最大限度地开发人脉圈子背后的价值，必须做到以下几点：一是融入人脉圈子，而不是迎合，更不是讨好、乞求；二是做好人脉资源管理，知晓其所拥有的优势、资源；三是及时跟进，充分利用人脉关系来建立稳固的合作关系，保持双赢的局面；四是更新和升级人脉圈子，实现资源的优化，并不断提升圈子的层次。

单打独斗，力不从心？

借朋友之势，成功渡过难关

♥ 情景再现

　　周政最近在生意上遇到了大麻烦——一个竞争对手为了抢占市场，截断了他的货源。尽管他积极与上游供货商沟通，说自己可以提高购买价格，但还是没有成效。因为竞争对手表示，只要供货商不给周政供货，就给高出周政出价 10% 的价格。单枪匹马的周政，连个商量的人都没有，一时间不知如何是好。

失去了货源，我该怎么办？

别急，我可以帮你！

竞争对手

♥ 情景解析

　　俗话说："一个好汉三个帮。"关键时刻，寻求朋友的帮助，借助他人的力量，或许就可以解决难题、突破困境。因为朋友可能能为我们提供新的解题思路；可能有更好的资源或渠道，恰好能解我们的燃眉之急；也可能为我们提供资金帮助，直接给我们"输血"。

◐ 方法点拨

在这个世界上，几乎无人能凭借单打独斗而获得成功。借朋友的势，或者与朋友合伙，是我们获取成功的关键。那么，如何正确地借朋友的势，或者与朋友合伙呢？

· 谈感情，更要谈利益

遇到麻烦，寻求朋友的帮助，是合情合理的。不过需要注意，不能只打感情牌，或以感情作为筹码，潜意识地认为朋友就该无条件地帮自己，不求任何回报。如果这样想的话，别说借朋友的势了，就连与朋友的感情都可能损失掉。因此，我们在谈感情的同时，也要适当谈谈利益。简单来说，得到朋友的帮助后，要给予朋友一定的回报，才能保持友谊长存。而选择与朋友合伙，需要明确责任、权利与感情，共分利益、共担风险，建立科学完善的合伙机制和分配机制，才不至于因利益而与朋友闹翻。

· 与朋友合作，注意优势互补

不管与几个朋友合作，都需要做到优势互补，让团队的力量发挥到最大化。所以，我们要寻求能力强、优秀的朋友，同时要确保我们没有的能力、资源，对方有；我们不擅长的技术，对方擅长。比如，我们有技术，对方有资金；我们擅长管理，对方擅长对外沟通。这样才能实现 1 + 1 > 2 的效果。在这个基础上，才能促使团队的能力得到充分发挥、强化，才能让事业发展得更好。

· 提升自己，避免完全依靠朋友

任何人都不要永远依赖别人。在借助朋友帮助的同时，我们必须不断提升自己的能力，跳出对自己固有模式的执着；克服自己的弱点，从朋友的智慧中汲取营养，实现新的突破；通过他人的视野，扩大自己的视野与格局。从借他人的势发展到借自己的势，才可能迈向更高的台阶。

创业艰难，总是抓不住大鱼？

巧借行业之势，站在风口奔向成功

赵睿想要干一番事业，于是开始积极创业，可惜几次都失败了，最后导致他负债累累。他开过火锅店，还特意到外地考察、学习，可惜不到半年，便惨淡收场；他开过婚纱摄影馆，高薪聘请了专业摄影师，结果也一败涂地。眼看自己人到中年，依然一事无成，赵睿不禁陷入了迷茫，不知道该何去何从，到底是继续创业，还是找个工作上班。

为什么我总是失败？为什么我抓不到大鱼？

← 创业　　　　上班 →

因为你没有找到好的风口。

❤ 情景解析

创业需要热情与努力，更需要眼光与机遇。具有前瞻性、敏锐的眼光，选对行业，借助行业发展的风口，乘势而行，才有机会抓住"大鱼"、实现大抱负。相反，仅凭着一腔热情，横冲直撞，忽视行业风口，只会给自己增加阻力。

❤ 方法点拨

我们如何发现并抓住好的风口呢？

· 培养前瞻性、敏锐的眼光，预见风口

创业能否成功，关键要看我们能否比别人先预见风口，快人一步，抢占商机。想要做到这一点，最重要的是对机遇和时势有敏感度，培养和提升前瞻性、敏锐的眼光，从复杂的信息环境中敏锐地看到新热点、新趋势、新发展；同时要保持开放的态度，对于一切新的事物都要有学习、接受的心态，不因固定的看法影响自己的判断。相反，如果总是等待别人行动后自己再行动，对于新事物、新行业不敏锐，那么只会永远慢人一步。

· 及时抓住风口，不犹豫、不胆怯

如果没有预见风口的能力，我们就需要眼观六路、耳听八方，看到新风口出现，及时跟上去。只要跟得及时，也可以抓住机遇，成为后来者。需要注意的是，我们必须拒绝盲目跟风，不顾自身情况盲目去做，只会导致决策失误；不看时机，不看风口是否已经过去就去跟风，只会注定失败。

· 具备长线思维，规划好未来的发展

猪碰上风口也会飞，但是风过后摔死的还是猪。因此，想要有大成就，就不能短视，更不能成为机会主义者。即便抓住了风口，若是犯了短视的错误，忽视自我成长，忽视对于长远发展的规划，恐怕成功也只能是昙花一现，最终也会走向失败。换句话说，我们必须培养大格局和长远目光，不断提升自己的能力，更新自己的思维，以适应新行业、新趋势的发展；敢于创新，敢于寻找差异化；看清形势，预知下一个风口。

能力出众，始终熬不出头？

借优秀平台之势，寻求新的可能

魏阳是一家软件公司的研发经理，他能力出众，积极肯干，可以说是难得的优秀人才。可是，工作五六年后，他便遇到了职业困境——由于资历老的上司的压制，他得不到提升；研发工作难有突破，业务发展遇到瓶颈。魏阳不知道如何实现职场的突破，更不知道自己的出路在哪里。

我怎样做才能熬出头，突破职业困境？

为什么不寻求新的平台呢？

情景解析

一个人再有能力，再努力拼搏，如果没有大的、合适的平台去承载，最后也只能沦为沧海遗珠。如果你发现自己的职场发展遇到瓶颈，发现个人的能力被埋没，那么不妨跳到更大、更高、更适合自己的平台。有了平台的加持，你自然可以发挥无限潜力，创造更大的成就。

方法点拨

一个人的成就＝自身的价值＋平台的高度。一个人的能力再出众，如果没有好的平台，其能力价值也得不到发挥。那么，如何才能更好地借助平台来取得更大的成就呢？

· 从低平台跳到高平台

想看得更远，我们需要站在巨人的肩膀上。当我们发现自我发展受到限制，或者无法激发更大的潜力时，我们不妨勇敢地跳出原来的圈子，去寻找更高的平台。当然，前提是我们的内心必须要有敢于寻求更多可能性的魄力。同时要善于分析自身实力、优势和劣势，找到适合自己的平台，而不是盲目地行动。

· 借力平台的正确方式

不同的时期，选择平台的标准也不同。职业生涯初期，我们要根据自身的实力选择安全、稳定的平台；当自身的能力积累到一定阶段，或在原平台发展受限时，就要寻找更新、更高的平台。选择平台的时候，一定要让自己的眼光长远一些，从大局、未来发展出发，选择具有长远发展潜力且有利于整个职业发展的平台，而不是一切以金钱为标准。

· 不错把平台优势当能力

很多人错把平台优势当成自己的能力，做出一些成绩后，便飘飘然起来，想得到更多，甚至看不起目前所处的平台，结果一离开现有平台的加持，才发现自己什么都做不成。因此，我们要认清自己，弄明白发展受限的原因到底是自身能力不足，还是平台不行。同时，不管站在什么平台上，我们都要善于沉淀自己，积极提升个人价值。

做事总是事倍功半？

借团队之势，团结协作才能成功

情景再现

　　公司派朱明和几个同事去开发新市场，首要任务是进行市场调研。同事们表示这需要大家共同商讨、分工协作，这样才能事半功倍。朱明却不以为然，表示自己开发市场已有十几年的时间，难道不知道怎么做市场调研？他当即拒绝与他人分工协作，一个人干了起来。结果，其他人一周便做好了调研报告，他则花了足足两周，报告内容还不尽如人意。朱明不禁怀疑起来，难道自己真的错了？

情景解析

　　在动物世界里，大部分种群凭借团队协作，才能狩猎生存，繁衍后代。同样，在人类的世界里，善于团结协作、借助团队的力量，才会有更高的效率，从而更快地实现成功的目标。

团结合作不但是一种意识，更是一种能力。那么，我们如何才能借助团队之势，达到事半功倍的效果呢？

· 培养团队意识，把合适的事交给合适的人

我们必须培养团队意识，提升对团队的归属感，提升对团队成员的信任、理解。遇到问题，首先与团队成员共同商议、解决，分工合作，齐心协力；发挥个人的优势与特长，避免做不擅长的事情，避免一个人单打独斗；善于把工作任务分配给同事、下属，集中精力处理适合自己的、最关键的事情。当然，要避免把"烫手山芋"丢给别人，自己只做轻松、简单的事情；避免把分内的事丢给别人，偷奸耍滑。

· 及时沟通，解决问题

只要做事，就会遇到问题。一个人死磕，很容易浪费时间，甚至钻入死胡同。而且，如果耽搁下来，小问题很容易变成大问题，最后产生极大的危害。因此，遇到问题后，我们应该及时与团队成员沟通，共同分析问题、解决问题，避免影响团队进度；集思广益，该寻求同事、领导的意见就寻求他们的意见，不要怕担责任、丢面子。

· 保持积极性，不拖累他人

即使身处团队之中，我们也需要保持积极性。不论是平时协作、沟通，还是遇到问题，都需要积极主动，提高自主性，不拖延、不懒惰，不拖团队的后腿。当发现个人进度比别人慢时，要更勤奋、努力一些，适当地加班加点追上进度；当发现个人工作状态不好时，要及时调整个人情绪和工作方式，摆脱消极情绪，抛弃依赖他人的想法，更不要想着占别人便宜。

落魄失意，等不来大好机会？

借贵人之势，平步青云

● 情景再现

苏晓毕业后，进入一家设计公司做内勤。他是一个有追求的人，不满足于做内勤，所以开始利用业余时间学习设计。

学了一段时间后，他觉得光靠自己折腾进步太慢了，于是时不时就去设计部"取经"。随着策划能力的不断提升，他觉得自己可以独当一面了，于是向公司提出转岗申请，结果却遭到了拒绝。为此，他感到非常郁闷。

不断提升自己的能力，加上贵人提携，才有机会平步青云！

很多时候，我们拼尽全力，仍然不能成功，这并非我们的能力不行，而是我们缺少一个好的机遇，缺少一个贵人拉我们一把。关键时刻有贵人相助，往往会有事半功倍的效果。

"自己走百步，不如贵人扶一步。"那么，我们如何才能得到贵人相助，从而平步青云呢？

· 主动出击，寻找机遇

我们的贵人可能是社会上那些偶然相逢的陌生人。所以，我们要敢于在陌生人中寻找贵人，这就需要努力做到以下三点：一是真诚待人，不吝啬对陌生人提供帮助；二是大胆尝试，把握转瞬即逝的机会；三是有相应的防备之心，避免中了有心之人的计。同时，需要注意的是，贵人不会不请自来，想要借助贵人之势，我们必须主动出击，积极参加社交，扩充人脉网络，以积极的态度尝试接触不同领域、不同圈层的人，创造与贵人相遇的机会。

· 维护人脉，提升自我价值

我们要努力耕耘，维护人脉，让人脉有效地成为自己的贵人。更重要的是，我们要不断提升自我修养，做到自尊、自信、自强，努力得到贵人的欣赏与信任；积极提升自己的各项能力，展现自我优势，并努力去拼搏、奋斗，让贵人认为我们是值得提携、帮助的人。

· 牢记贵人的特征

贵人身上通常有如下几个特征：一是看好你的人，能给你一些机会；

二是有良好的人脉关系，深受周围人的信任与尊重；三是品德高尚，不居高临下，愿意帮助、提携和指点他人；四是有敏锐的思维和判断力，而且有别人没有的创造力，能开拓新领域，带领他人前进。另外，那些打压我们的人也可能成为我们的"贵人"，因为这样的人可以逼着我们不断进步，让我们变得更强、更出色。

竞争激烈，可能成为"炮灰"？
借竞争对手之势，提升自己的能力

◆ 情景再现

陈默是一家花卉公司的老板，多年来为本地和附近城市的企业、个人提供花卉、绿植。虽然行业内竞争激烈，但是各家各有优势，实力也不相上下。最近，两家规模比较大的花卉公司进入本地市场，让竞争越发激烈起来。这让包括陈默公司在内的本地企业受到很大的冲击，业绩急速下滑。陈默为此十分焦虑，担心自己挺不过这场激烈的竞争，成为可悲的"炮灰"。

我不想成为"炮灰"，我该怎么办？

没有永远的朋友，也没有永远的敌人，只有永远的利益。不管是对手还是敌人，都可能只是暂时和相对的。因此，我们要善于借助他们的力量，提升自己、强大自己。

突破思维的限制，竞争对手也可以成为我们很好的借力对象。那么，如何才能更好地向竞争对手借力呢？

· 树立"假想敌"，分析"假想敌"

可以把与自己实力相当的竞争对手设置成"假想敌"，然后分析这个"假想敌"，并提出一系列的问题：他可能会有什么动作？他的优势是什么？他的短期和长期发展规划是什么？他是如何执行规划的？他为什么会成功或失败？他的规划对我来说意味着什么？为什么我不可以像他那样？弄明白这一系列问题后，再制订自己的行动计划。

· 采取"跟随跑战术"，取得后发优势

在激烈的竞争中，先发可能获得一定优势，但是在风险不明或风险巨大的情况下，先发往往意味着需要承担巨大的风险，甚至有一败涂地的可能。所以，必要的时候，我们可以采取"跟随跑战术"，即看竞争对手推出什么新产品或服务，或进入哪一个新市场，等证明其决策正确后，再及时跟上。同时，也可以运用纳什均衡的原理，始终与竞争对手保持一致，扩大自己的影响力和吸引力，实现利益的最大化。

· 强强联合，把竞争对手变成朋友

如果竞争对手比较多且实力相当，或者出现强大的竞争对手，自己

很难以小博大，我们应该放下矛盾和冲突，选择与自己最契合的竞争对手进行合作联合，可以达成合作关系，可以合并重组，也可以通过技术、资源、信息等方面的共享，提升双方的实力。不管是哪种方式，把竞争对手变成合作伙伴、朋友，受益的必将是双方，更有利于双方在竞争中占据优势，杀出重围。

第八章

即刻行动：
走出舒适区，获得
持久行动力

心有万千想法，行动力不够，一切都是空谈。我们必须练就即刻行动力，克服懒惰、拖延、怯懦等心理，快速、有效地解决所面临的难题。

梦想迟迟不能实现？

行先于知，告别纸上谈兵

　　李想梦想成为一名顶尖的建筑师，进入业内顶尖的建筑事务所。于是，他毕业后向几家顶尖事务所投递了几次简历，之后便开始空等着，希望大好机会降临在自己头上。可是，哪家顶尖事务所会要一个初出茅庐的新人呢？结果可想而知，半年过去了，李想仍在等待，一边等待，一边抱怨："为什么没人给我机会？我哪天才能实现我的梦想？"

终有一天，我会成为顶尖建筑师，设计出无与伦比的建筑。

空想是失败的源头，行动是成功的开始。不管什么时候，空谈理想和抱负，或抱着不切实际的想法，到头来只是枉然。有了梦想，就朝着这个方向努力，付出真正的行动，且做到脚踏实地，才能让梦想变为现实。

● 方法点拨

我们和梦想之间只差一个积极有效的行动。那么，我们如何告别纸上谈兵呢？

· 有好的想法，立即去实现

只要认定自己的想法是正确的，要做的事是自己非常想做的，那就立即去做，想办法实现它。我们要抓住身边的一切机会和资源，付出全部的努力，同时顶住来自环境、外人和自身的压力。当然，有些想法也许是我们长期的需求，这个时候，我们要放眼未来，好好珍惜它、呵护它，然后在合适的时机努力去实现它。

· 不找任何借口

很多渴望实现梦想却没有成功的人，总是习惯找各种借口：运气不好、没机会、梦想离自己太远……殊不知，这些借口正是他们无法实现梦想的重要因素，是他们努力拼搏的障碍。就算这些借口再怎么冠冕堂皇，也掩盖不了它的真相——他们不过是利用借口在偷懒、享受、逃避。因此，要想成功，我们千万不要给自己找借口，提升行动的自主性，加强行动的动机，才有机会实现梦想。

· 让梦想真正落地

梦想应该接点地气，具有踏踏实实的烟火感。所以，我们不能太好高骛远，只凭着一腔热血树立不切实际的梦想，而应该根据自身情况树立切合实际的梦想。同时，任何梦想都需要我们一步步脚踏实地去实现。从小事做起，踏踏实实地迈好每一步，才是最佳选择。

容易分心，无法做到专注？

聚焦目标，排除外界干扰

方路觉得专注工作实在太难了。平时工作的时候，他总是无法集中精神，经常写一会儿报告，就忍不住掏出手机刷视频、看微信；同事讨论问题的时候，他总是侧耳倾听。因此，他的工作效率极其低下，工作质量也很差，经常被领导批评，甚至面临着被辞退的危机。

162

♥ 情景解析

专注是指我们的注意力能在一段时间内，持续地、有选择地集中在某一特定信息的行为。无法做到专注，轻则浪费时间，让我们无法高效地做事；重则影响心理健康，导致我们焦虑不安、自信心不足。

♥ 方法点拨

想要获得成功，我们必须培养自己的专注力，心无旁骛地做好每一件事情。那么，如何培养和提升专注力呢？

· 弄清干扰源，排除干扰源

影响我们专心做事的干扰源有很多，大致可分为三类：第一类来自客观环境；第二类来自自己的杂念；第三类来自他人的干扰。如果我们自制能力差，便无法摆脱干扰，无法专心做事。想要排除干扰源，其实并不难，只要做到以下几点就可以了：一是选择安静的环境，远离干扰；二是专注眼前的行动，不想其他事情；三是提醒别人自己正处于"免打扰"状态。

· 刻意训练，提升专注力

训练的方式有很多，可以尽量调动自己的五官，提高信息的转化率，让注意力持续的时间长久一些；可以利用"番茄工作法"，即先设定一段时间，让自己在这段时间内专注于一件事情，起初可以设置较短的时间，比如5分钟，然后慢慢增加时长；也可以每天抽出20分钟来冥想，找个舒适的环境，闭上眼睛，放松全身，放慢呼吸，把注意力集中在呼吸上，当思绪稳定之后，想象一种积极的场景，完全屏蔽外界的干扰。

· 聚焦目标，每次只做一件事

同时做几件事，在不同事情之间不停地切换，就容易让我们分心，导致效率降低且容易出错。想要排除干扰，最重要也最有用的方法就是聚焦一件事，专注一件事。只要我们每次只做一件事，并全身心地投入这件事中，直到彻底把它做完，然后再想其他事、做其他事，时间长了，就能有效提升专注力。

间歇性努力，持续性颓废？

有效设置目标，找到正确动机

　　潘瑜得知朋友升职、加薪后，也燃起了斗志，像打了鸡血似的努力工作，经常加班到晚上八九点。可是没过几个月，她就偃旗息鼓了，积极性慢慢地消退，只要有时间就"摸鱼"，不是看手机，就是在茶水间、卫生间磨蹭，结果升职、加薪自然泡了汤。潘瑜知道自己陷入了"间歇性努力、持续性颓废"的旋涡，但每次又控制不住自己。

我真的好想努力啊！

摆烂　　努力

从本质上来说，患有"间歇性努力症"的人骨子里都有懒惰、消极、懦弱的因子。明明不愿意努力，却因为不甘心，或受了刺激、鼓励，营造出一种"我很努力"的错觉，然后还没努力多久，就又变得懒惰了，最后直接放弃，在努力与摆烂之间摇摆不定。

间歇性努力很容易让我们成为"积极的废人"，最终一事无成。那么，我们该如何摆脱这一困境，让自己拥有持续性的动力呢？

· 弹性化管理目标和情绪

很多时候，我们之所以不能持续努力，不能坚持完成一个目标，是因为逼迫自己太紧了。有目标是好事，寻求提升和突破也是好事，但凡事都有一个循序渐进的过程。如果看见别人成功，就逼迫自己努力，急于快速实现目标，便会让自己更加焦虑。一旦短时间内看不见成效，就会更加怀疑自己。因此，我们不能把自己逼得太紧了，要好好地规划目标，有效地设置目标，设置合理、适合自己的目标，同时还要管理好自己的情绪，不因外界影响而焦虑。

· 激发内在动力，强化行动动机

与其强迫自己"我不做积极的废人""我一定要加倍努力"，不如激发内在的动力，强化行动的动机。做某件事时，我们的自驱模式应该是这样的：先探索自己为什么要做这件事；再增强做这件事的动机，发掘做这件事的价值和意义，尽量在其中找到满足心理需求的点。这样一来，在内在动力的刺激下，我们便会更富有激情和积极性，然后竭尽全力去做事。

· 少做获得即时快感的事情

生活中，很多事情能让我们获得即时的精神愉悦，但也容易让我们沉沦，比如刷短视频、玩游戏、闲聊等。而且，大多数类似的事情对我们个人成长、成功是无益的，只会消磨我们的时间、精力、意志，让我们的思维和行为变得懒惰起来。因此，我们要提升自控能力，少做那些让自己获得即时快感的事情，多做需要付出努力且有价值、能让自己成长的事情。坚持下来，直到大脑习惯，就可以远离摆烂心态，形成持续性行动。

总是等到最后期限才愿意行动？

即刻行动，轻松告别拖延症

娜娜有严重的拖延症。为了提高工作效率，每当工作任务布置下来的时候，她总是给自己设定一个最后期限。可事实上，她总是违背最后期限，总是等快到最后期限时才匆忙去做事，结果不是无法按时完成工作任务，就是手忙脚乱，无法保证工作质量。虽然娜娜常常为自己的拖延而懊恼，但又不知道如何改变。

不着急，不着急。明天下午6点才是真正的最后期限！

最后期限

❤ 情景解析

总是等到最后期限才愿意行动，在心理学上叫"最后通牒效应"。总是等到最后期限才愿意行动的人会越来越拖延，越来越习惯依赖最后期限。而最后期限也会成为他们"名正言顺"拖延的借口，消磨他们的积极性、意志力，让他们成为拖延的奴隶。

❤ 方法点拨

事实上，从我们设定并依赖最后期限那一刻起，拖延症就在悄悄地靠近我们。那么，如何才能克服拖延症呢？

· 尽量避免设置最后期限

英国历史学家诺斯古德·帕金森提出了"帕金森时间法则"，大概意思是我们计划多少时间完成工作，工作就会自动变成需要那么多的时间。如果我们计划两天的时间处理某项工作，那么我们就会花两天的时间来完成，即便它只需要花费一天就可以完成。换句话说，如果工作前我们事先设置了最后期限，尤其是设置了一个宽松的最后期限，那么我们就会认为"反正还有两天时间，等一会儿再行动也来得及"，然后不自觉地拖延，等到最后期限到来之前才愿意行动。因此，我们要尽量避免设置最后期限，即便要设置，也要合理安排时间，尽量提前完成工作。

· 把工作量放大，并细分工作量

很多时候，我们做一件事的时间要超过我们预计的时间，尤其是遇到不熟练、有挑战性的任务时。我们预计 1 小时完成某项任务，但实际上往往需要 1.5 ~ 2 小时才能完成。所以，当我们拿到一项任务后，要先把工作量放大 10% ~ 20%，然后把它进行细分，做好详细的时间安排。比如，设定 9:00 ~ 10:00 完成哪一项、10:00 ~ 11:00 完成哪一项，并在这一段时间内专注、高效地完成它。

· 遵循"5秒法则"，立即行动

拿到工作任务后，只需要倒数5个数：5、4、3、2、1，然后立即行动。不要管什么最后期限，不要怕完不成，只需要高效行动就可以了。一旦我们开始倒数，就能专注目标，改变行为状态和思维状态，弱化拖延和懒惰心态。为了强化行动，我们可以写下"立即行动""5秒内行动：5、4、3、2、1"等，并将它们贴在最醒目的地方。

任务太难，一心想要放弃？

坚持不懈，摆脱半途而废的魔咒

● 情景再现

　　方辉一心想做出些成绩，赢得领导的认可和青睐。一天，方辉从领导那里抢到一个新任务，并马不停蹄地忙碌起来，但刚忙碌了几天就遇到了难题，卡壳了。方辉很是为难，他既想让领导对自己刮目相看，又想放弃，担心找不到好法子解决难题，得不到自己想要的结果。

● 情景解析

　　惧怕困难和失败，就会半途而废，最终得不到自己想要的结果。而这并不是最可怕的，最可怕的是在一次次逃避中，我们将慢慢丧失信心，然后陷入"做事—遇到困难—放弃—信心再次削弱—惧怕做事"的负面循环之中。

♥方法点拨

遇到难题半途而废是错误的行为，而坚持下去、积极寻求解决问题的方法才是正确的选择。那么，我们如何才能摆脱半途而废的魔咒，并坚持到底呢？

· 转变思维，以过程为导向

大多数时候，我们做事是以结果为导向的，专注于结果，忽视过程，不享受过程。于是，当我们感觉得不到自己想要的结果、前途渺茫的时候，就会失去信心和勇气，产生放弃的想法。因此，我们需要转变思维，把以结果为导向转变为以过程为导向，让自己更关注过程、享受过程。这样便会放弃对结果的依赖，聚焦于正在做的事，专注于正在做的事，同时可以关注自己微小的进步，看到努力的价值，增强行动的信心和积极性。

· 不是尽力而为，而是拼尽全力

遇到艰难的任务，想要放弃的时候，很多人通常会说"我已经尽力了"，可事实上，仅仅做到尽力而为是远远不够的。尽力而为与拼尽全力是有很大差别的，前者是努力了，但有所保留，后者是没有一点点保留。当然，结果也会大相径庭。因此，遇到难题和挑战的时候，我们都应该有一个认知——拼尽全力地做好每件事，这样才不容易心生放弃的念头，才能获得一个好结果、好成绩。

· 想办法克服"习惯引力"

什么是"习惯引力"？就是我们的身体只有在某种状态下才会感觉舒适，这个状态就是我们的舒适区。如果离开舒适区，我们就会感到一种威胁，身体就会习惯性地去抵抗新的变化，努力维持现状。"习惯引力"会让我们排斥困难和挑战，让我们倾向于享受舒适、放弃努力。因此，我们必须克服"习惯引力"，赋予努力和坚持更大的意义，把努力和坚持变成一种习惯。

有了小成功，就不想再辛苦？

行无止境，告别小富即安思想

同龄人还在职场奔波劳碌，李铭已经因创业成功买了车子、房子，过上了富足的生活。于是，他开始享受生活，并认为自己没必要再吃苦受累了。有时候遇到好机会，他总是想再拼一把，把生意再扩大一些，但是很快又放弃了，因为内心总有一个声音告诉自己："人生在世，知足才能常乐。"

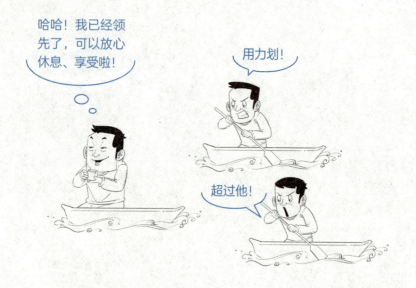

情景解析

谁想要祈求安逸，谁就会失去进取心，然后一点点落入安逸编织的陷阱，最终彻底沉沦。我们不能把"小富即安""知足常乐"当借口，而是应该积极进取，不断迎接新的挑战。

方法点拨

在该努力的时候选择安逸、享受，结果只有一个——失败。那么，我们如何才能克服追求安逸的思想，保持积极进取的姿态呢？

· "奇迹提问"，迈开改变的第一步

心理学上有一种"奇迹提问"治疗法。比如，你不想行动、不想努力时，可以问问自己："假如奇迹出现，经过努力，你走上人生巅峰，你会怎样？"你可能会说特别开心、特别满意，自己的努力得到了回报；接着再问："现在想想，目标实现的情况下，你觉得当时迈出的第一步会是什么？"说出想法，然后挑出现阶段最容易做到的事情；再继续提问："这个行为，你现在能做到吗？"确认行为，坚定信心，于是迈开的第一步就找到了。最后，只要去做就可以了。

· 克服障碍，不找任何借口

人都有惰性，尤其是前方出现障碍的时候，就更容易退缩，然后给自己的不努力找借口。比如，本来是懒惰，却说什么"知足常乐"；本来是逃避、害怕困难，却说"我已经尽力了"。所以，如果你想要告别追求安逸的思想，取得更大的成功，就必须从人性和心理上克服各种障碍，然后努力再努力，做到竭尽全力。

· 强化"生于忧患，死于安乐"的观念

如果我们安于小成功，不想再努力，不妨接触新的环境，多与更强、更成功的朋友交往，寻找自己与他人的差距，刺激自己的进取心和成功欲望。同时，我们要明白一个道理：危机能激发我们的进取心、勇气以及竭尽全力的意识。所以，我们要多看看、多反思"因安逸而失败""因不进取而灭亡"的事例，不断强化"生于忧患，死于安乐"的观念。只有从内心挑战自我、更新自我，才能彻底抛弃贪图安逸的错误思想。

习惯性地逃避挑战？

提高自我效能感，打破恶性循环

♥ 情景再现

　　一遇到具有挑战性的事情，王思的第一反应就是逃避。一次，领导想拿下一个大项目，询问同事们谁愿意去对接客户，并有信心拿下项目。其他同事都跃跃欲试，只有王思低下头，不敢出声，尽可能回避领导的目光。事实上，王思也不想这样，但他又控制不住自己，每当这个时候，他的内心就充满焦虑、担忧、恐惧等负面情绪。

● 情景解析

在心理学上，这种习惯性逃避挑战的行为被称为"回避型应对"，面对处理不了的事情，就彻底回避，因为怯懦，所以待在舒适区不敢迈出半步，从而让心理压力越来越大。如果不及时克服这种心理，我们将越来越怯懦，最后在越来越多的事情上选择逃避。

● 方法点拨

逃避解决不了任何问题，反而会成为人生路上最大的阻碍。那么，我们如何才能停止逃避，勇敢地迎接挑战呢？

· 分析原因，弄明白自己为什么逃避

造成一个人逃避挑战的原因有很多，主要分为以下几种：一是自我怀疑，不够自信，逃避只是为了避免失败，避免别人对自己的攻击和贬低；二是完美主义思想，潜意识觉得要么不做，要么做到最好，因为担心做得不完美，所以逃避去做；三是不敢面对自己能力不足的事实。弄明白逃避的原因之后，我们才能对症下药，或是增强自信，或是转变思维模式，抛弃完美主义思想，或是直面现实，积极努力。如此才能摆脱习惯性逃避，最终变得勇敢起来。

· 提高自我效能感

自我效能感强的人，通常对所做的事情有浓厚的兴趣和很强的责任感，能从挫折和失败中迅速恢复信心和勇气，能接受具有挑战性的任务，且有信心把它做好。因此，我们需要改变归因的方式，尝试将问题归因到内部的、比较容易改变的因素上；看到自己的闪光点，肯定自己的能力、进步与突破；用行为塑造的方式，逐渐接近目标，增强成功的体验

感；利用积极的榜样来刺激自己；学会把注意力转移到解决方案上，进而提升自我效能感。

· 保持察觉，重新构建"高速公路"

面对具有挑战性的任务和难题时，我们需要察觉自己的情绪，弄明白自己在害怕什么。然后，找到并堵住遇到挑战就不自觉逃避的那条"高速公路"，改变思维模式和行为模式，重新构建一条新的"高速公路"——肯定自己，激励自己；或者回忆逃避的代价，刺激自己直接迎接挑战。当我们构建好这条"高速公路"，并不断地加以练习时，久而久之，逃避的行为就会减少，进而更加敢于挑战、善于挑战。